Hong Lin-Schneider

Chinesisch
vegetarisch

美食美味

Impressum

4 3 2 1 | 2009 2010 2011 2012

ISBN 978-3-7750-0571-5
© Walter Hädecke Verlag, D-71263 Weil der Stadt, 2009.
www.haedecke-verlag.de

Lektorat: Monika Graff
Klaus Arras, Köln (Coverfoto, Motiv Mitte Umschlagrückseite und Foodfotos auf den Seiten 30, 33, 37, 42, 45, 51, 54, 60, 63, 70, 75, 77, 81, 89, 94 und 103).
Fremdenverkehrsamt der VR China, Frankfurt/Main (Bilder auf den Seiten 40 links, 46 Mitte, 98 links, 102, 105, 108 und 111 sowie Umschlagrückseite rechts).
iStockphoto (Dekoelement Bordüre/lushik, Dekoelement Zweig/Natural_Warp, Dekoelement Kreis/Dar Yang Yan und Bilder auf den Seiten: 6–7, 24 rechts, 58 Mitte, 96 und 109/Giorgio Fochesato, 8 links/PuiYuen Ng, 8 Mitte/elwynn1130, 8 rechts/Ming Onn Boey, 12–13/Dan Moore, 14 links/P_Wei, 14 rechts/Maaike Boot, 15 links/Steve Lovegrove, 15 rechts/Karin Lau, 16 links/Olga Vasilkova, 16 rechts/Kelvin Yue, 17 links/Suzannah Skelton, 17 rechts/Victor Burnside, 18–19/Christian Winzen, 20 links/Stephen MacLean, 20 rechts/Silvia Jansen, 22–23/youding xie, 24 links/Viacheslav Gorelik, 28–29/Miranda McMurray, 34 und 35/Izabela Habur, 38–39/Dave Logan, 40 rechts/Paul Merrett, 46 links/kinglun chen, 46 rechts/Hector Joseph Lumang, 47/zubin li, 48–49/Nick Osborne, 56–57/Hanquan Chen, 58 links/hfng, 58 rechts/Matt Augustine, 64/Nicolas Schmitt, 66–67/Terry J Alcorn, 68 und 78–79/KingWu, 69 links/Anka Kaczmarzyk, 69 rechts/Ksenia Grishkova, 84–85/Robert Churchill, 91/Dmitriy Podlipayev, 92–93/narvikk, 97 links/Valentyn Volkov, 97 rechts/Tatyana Nyshko, 98 rechts/Kenneth Cheung, 99/Rob Broek, 100–101/Martin Kawalski, 106–107/Jane Pang).
Hong Lin-Schneider, Karlsruhe (Autorenporträt, hintere Umschlagklappe). Sabine Bruder (Umschlagrückseite links).
Satz und Reproduktion: Lithotronic Media GmbH, Dreieich
Gesamtgestaltung: Julia Graff, Design & Produktion, Stuttgart
(nach einer Vorlage von Juscha Deumling, JAM Büro für Art & Design, München)
Printed in EU 2009.

Hinweis

Die Rezepte sind, soweit nicht anders angegeben, für vier Personen berechnet. Alle Löffelangaben in den Zutaten (EL = Esslöffel, TL = Teelöffel) beziehen sich auf das gestrichene Maß. Die in den Rezepten genannten Backtemperaturen in °C beziehen sich auf übliche Elektro-Backöfen. Wenn Sie Umluft- oder Gasbacköfen nutzen, sind die Herstellerangaben der Geräte zu beachten.
Die in den Zutaten verwendeten Eier haben die Handelsgröße L (groß) und sind Güteklasse A. Verwenden Sie immer nur ganz frische Eier!

Abkürzungen

EL = Esslöffel
TL = Teelöffel

ml = Milliliter = 1/1000 Liter
l = Liter

g = Gramm
kg = Kilogramm

cm = Zentimeter

Inhalt

DIE CHINESISCHE VORRATSKAMMER
Chu Cang Shi

Wenn Sie einen Chinesen oder eine Chinesin fragen, was sie in ihrer Vorratskammer haben, so werden sie antworten: *You, yan, jiang, cu, hua jiao, da liao, cong, jiang, suan!* Übersetzt heißt das: Öl, Salz, Sojasauce, Reisessig, chinesischen Pfeffer, Sternanis, Frühlingszwiebeln, Ingwer und Knoblauch. Eine kurze, aber treffende Antwort.

Doch in der chinesischen Vorratskammer gibt es noch viel mehr: z. B. verschiedene Sorten getrockneter Pilze, Tofu und Bambussprossen, duftende Gewürze, eingelegte schwarze Bohnen, Bohnen- und Sesampaste, natürlich auch Mehl, Reis und Nudeln. Alle diese Zutaten sind problemlos in jedem asiatischen Lebensmittelladen und teilweise auch in Bioläden erhältlich.

Agar-Agar
Hai Zao Fen

Dieses pflanzliche, geschmacksneutrale Gelier-
mittel wird aus Rotalgen gewonnen und ist in
der vegetarischen Küche der beste Ersatz für
Gelatine. In China ist Agar-Agar seit dem
17. Jahrhundert bekannt und wird dort z. B. als
Geleestreifen und -stücke verschiedenen Salaten
beigefügt oder für die Zubereitung von Speisen
und Desserts verwendet.
Agar-Agar wird nicht nur als Pulver, sondern auch
in Form von Streifen angeboten, die bündelweise
als hauchdünne Fadennudeln verkauft werden.
Sie sehen so ähnlich aus wie ganz schmale Glasnudeln.

Erdnüsse
Hua Sheng

Rohe geschälte bzw. ungeschälte Erdnüsse werden vor dem Kochen im Wok angeröstet und noch
bissfest kurz vor dem Servieren in die Gerichte
gemischt. Diese Erdnüsse sind geschmacklich
meist besser als die fertig gerösteten Erdnüsse
aus der Dose. Sie werden in der chinesischen
Küche häufig verwendet, wobei den rohen Erdnüsse der Vorzug zu geben ist.

Erdnussöl
Hua Sheng You

Dieses Öl wird in den traditionellen chinesischen
Rezepten zum Kochen und Braten verwendet, im
Gegensatz zum Sesamöl (siehe dort), das als
Gewürz dient. Ersatzweise kann man ein einfa-
ches, zum Braten geeignetes Pflanzenöl verwenden, da dieses wie das Erdnussöl keinen
ausgeprägten Eigengeschmack hat; es sollte
jedoch hoch erhitzbar sein (z. B. Maiskeimöl).

Ginkgokerne
Bai Guo Ren

In China werden Ginkgobäume als Nahrungs-
pflanze angebaut. Nur der Kern des Samens wird
genutzt und dieser muss unbedingt gegart werden. Die geschälten Ginkgosamen werden als
Beilage zu verschiedenen Gerichten oder im Reis
mitgekocht. Geröstet und gewürzt werden sie als
Knabberei geschätzt. Bei uns sind die Kerne sie
meist nur als Konserve erhältlich.

Lilienblüten
Huang Hua Cai
Die langen, gelben getrockneten Blütenblätter der chinesischen Lilie haben einen sanften Geschmack. Vor der Verwendung müssen sie eine halbe Stunde in Wasser eingeweicht werden.

Nudeln
Mian Tiao
Reisnudeln *(Mi Fen)* werden aus gemahlenem Reis hergestellt. Angeboten werden sie in vielen Varianten und Breiten. Gebräuchlich sind auch flache Weizennudeln *(Mian Tiao*, ohne Ei hergestellt, und *Dan Mian*, mit Ei hergestellt; bei uns häufig unter ihrem japanischen Namen *Udon* erhältlich) sowie weiße oder gelbe, dünne Shi-Nudeln, die ebenfalls aus Weizenmehl gemacht sind. Glasnudeln *(Fen Si)* werden aus Mungobohnenstärke und Wasser produziert, durch Einweichen in heißem Wasser werden sie durchsichtig. Sie sind für Suppen, Salate und als Füllung für Frühlingsrollen geeignet.

Pilze
Gan Mo Gu
Getrocknete Pilze müssen ca. eine Stunde in warmem Wasser eingeweicht werden. Danach holt man sie mit der Hand heraus und wäscht sie gründlich unter fließendem Wasser, da sich in den Lamellen häufig Sand befindet. Das Einweichwasser kann man umgießen und durch ein Sieb (besser: durch einen Kaffeefilter) laufen lassen und für Saucen oder Gerichte weiterverwenden. Bei uns sind in der Regel folgende Sorten erhältlich:

Austernpilz
Ping Gu
Ein weiterer Pilz, der auf Laubbäumen wächst, allerdings auf deren herabgefallenen Ästen. Er ist festfleischig und wohlschmeckend. Der Austernpilz wird nur gegart gegessen.

Goldnadelpilz
Jin Zhen Gu
Diese weißen Pilze (*Jin* heißt übersetzt Gold, *Zhen* Nadel) haben dünne, lange und nadelartige Stiele sowie sehr kleine Köpfe. Sie sind mild im Geschmack und besitzen eine knackige Konsistenz. Hier sind sie auch häufig unter ihrem japanischen Namen Enoki erhältlich.

Holzohrenpilz (chinesische Morchel)
Mu Err
Dieser Pilz (*Mu* bedeutet Holz und *Err* Ohren) wächst auf Laubbäumen. Es gibt ihn in hell und dunkel, bei uns nur getrocknet. Der schwarze Mu Err wird für pikante Gerichte und der silberne meist für Desserts verwendet. Beide haben einen milden Geschmack und finden ebenfalls in der chinesischen Heilkunde Erwähnung.

Shiitake
Dong Gu
Sein original chinesischer Name *Xiang Gu* heißt übersetzt „Duftpilz", ein Hinweis auf seinen intensiven aromatischen Geschmack. Es gibt verschiedene Sorten wie z. B. den im Winter gewachsenen *Dong Gu*, was entsprechend „Winterpilz" bedeutet, sowie weitere, hier weniger bekannte Sorten, die zu anderen Jahreszeiten auf rotbuchenähnlichen asiatischen Bäumen wachsen. Wegen seines dicken Fleischs ist der *Dong Gu* sehr beliebt und wird deshalb in China auch als „vegetarisches Fleisch" bezeichnet. Er ist bei uns frisch und getrocknet erhältlich, meist jedoch unter seinem japanischen Namen Shiitake. In der chinesischen Heilkunde zählt er schon seit mehr als 3.000 Jahren zu den wirksamsten Heilpilzen, z. B. soll er das Immunsystem stabilisieren, den Cholesterinspiegel regulieren und die Harnsäurewerte senken. Er enthält alle acht lebenswichtigen Aminosäuren.

Strohpilz
Cao Gu

Der Strohpilz (*Cao* bedeutet Stroh, *Gu* Pilz) gilt in China als Delikatesse und wird wie sein Name schon sagt in tropischen Regionen Asiens auf Reisstroh kultiviert. Sein Hut umwächst den gesamten weißlichen Pilz vollständig. Bei uns ist dieser Pilz nur als Konserve erhältlich.

Reis
Da Mi

Reis begleitet fast jede chinesische Mahlzeit. Er wird in Suppen oder mit Gemüse verwendet, gebraten oder einfach gegart gegessen. Der leicht klebrige Reis (Kurz- oder Mittelkornsorten) aus asiatischen Läden eignet sich am besten für das chinesische Essen mit Stäbchen. Duftreis hingegen ist ein Langkornreis, der nach dem Garen locker bleibt. Der spezielle Klebreis wird fast ausschließlich zur Herstellung von Desserts verwendet.

Reisessig
Zhen Jiang Xiang Cu

Der dunkelbraune, leicht geräucherte Essig ist eine der elementaren Zutaten in der chinesischen Küche. In manchen Fällen benötigt man wegen der Farbe auch den klaren, hellen Reisessig.

Shaoxing-Reiswein
Shao Xing Jiu

Der Reiswein (*Mi Jiu*, auch *Huang Jiu*) aus der südchinesischen Stadt Shaoxing ist der bekannteste Wein zum Kochen in der chinesischen Küche. Er wird aus Hirse, Reis und Hefe hergestellt. Als Ersatz kann auch trockener Sherry verwendet werden.

Seitan
Mian Jin

Diese „vegetarische Wurst" wird aus lang ausgewaschenem Weizenmehlteig hergestellt, vorgegart und gewürzt. Nach traditioneller Methode werden in China viele unterschiedliche Sorten hergestellt. Wenige sind bei uns auch in Bioläden zu finden, haben ein fleischähnliche Konsistenz und sind meist eingelegt in eine Marinade aus Sojasauce, Algen und anderen Gewürzen, sodass kräftig aromatische Seitanprodukte nur noch wenig nachgewürzt werden müssen.

Weißer und schwarzer Sesam
Bai Zhi Ma, Hei Zhi Ma

Sesamsamen haben ein leicht nussiges Aroma, das sich beim Rösten noch verstärkt. Sesam ist die älteste Ölpflanze der Welt und versorgt uns mit einem hohen Anteil an ungesättigten Fettsäuren, Proteinen und wichtigen Mineralstoffen sowie Spurenelementen. Insbesondere werden den schwarzen Sesamsamen viele gesundheitsfördernde Wirkungen nachgesagt, so z. B. auch die Stärkung des Knochengewebes.

Sesamöl
Xiang You
Aus gerösteten weißen Sesamsamen gepresstes Öl, das ein intensives Aroma hat; übersetzt bedeutet der chinesische Begriff „Duftöl". Es wird nur als Gewürz genutzt. In vielen Rezepten werden erst kurz vor dem Servieren ein paar Tropfen über das Gericht gegeben, oder aber man rührt es in kalte Speisen. Das kalt gepresste, helle Sesamöl ist hierfür ungeeignet und in der chinesischen Küche unbekannt.

Getrocknete Haut der Sojamilch
Fu Zhu
Diese Spezialität ist reich an pflanzlichem Eiweiß und daher besonders nahrhaft; sie lässt sich sehr gut mit anderen Zutaten kombinieren. Man erhält sie als gerollte Stangen oder als dünne Platten, die sehr zerbrechlich sind. Vor der Verwendung müssen die Stangen ca. eine halbe Stunde in Wasser eingeweicht werden. Die Platten werden am besten fünf bis sechs Minuten in einem großen Backblech aufgeweicht, damit die Form erhalten bleibt.

Sojasauce, hell und dunkel
Sheng Chou/Lao Chou
Die helle Sojasauce nimmt man für Salate, frisch zubereitete kalte Saucen und für gegartes Gemüse, bei dem man die Originalfarbe erhalten möchte.
Die dunkle Sojasauce wird für gekochte, gebratene, gedünstete oder gebeizte Gerichte verwendet. Im Vergleich zur hellen ist die dunkle Sojasauce würziger und intensiver in Geschmack und Farbe.

Tofu
Dou Fu
Den Sojabohnenquark gibt es in verschiedenen Zubereitungen. Er wird aus hellen Sojabohnen hergestellt und ist eine gute Proteinquelle. Durch seinen geringen Eigengeschmack nimmt er Gewürze und die Aromen anderer Zutaten gut an. In China gibt es eine Vielzahl an Tofuprodukten, die man hier teilweise auch in Bio- und Asialäden finden kann.

Eingelegter Tofu
Dou Fu Ru
Den fermentierten und in Salzlake eingelegten Tofu gibt es mit und ohne Chili zu kaufen. Man verwendet ihn als Gewürz zu Tofugerichte, Suppen und zu kalten oder warmen Gemüsegerichten.

Tofublöcke in Lake
Lao Dou Fu
Dieser feste Tofu ist zum Frittieren und Schmoren geeignet.

Seidentofu
Nen Dou Fu
Dieser junge Tofu in Lake ist sehr zart und für Suppen, Wokgerichte und Desserts geeignet.

Vorgegarte Tofu-Scheiben
Dou Fu Gan
Sie haben eine feste Konsistenz und sind vorgewürzt. Ihr intensives Aroma verleiht Salaten und gebratenem Gemüse einen besonderen Geschmack.

幸福生活

GEMÜSE UND OBST
Shu Cai he Shui Guo

In der chinesischen Küche ist frisches Gemüse schon immer fester Bestandteil der Mahlzeit. Im alltäglichen Leben spielt Gemüse eine wesentlich wichtigere Rolle als Fleisch oder Fisch. Die Kunst des Gemüsekochens hat eine lange Tradition. Es wird in der chinesischen Küche immer fein und klein geschnitten, nur sehr kurz gegart bzw. meistens im Wok oder in der Pfanne mit heißem Öl unter Rühren gebraten. So behält es seine Vitamine, sein volles Aroma und das schöne frische Aussehen. Obst wird in China gelegentlich zum Dessert (siehe Seite 95 ff.) gereicht, seltener in pikanten Gerichten verwendet.

Bambussprossen
Zhu Sun

Die jungen Schösslinge der Bambusgräser gibt es frisch, frisch eingelegt, in Dosen und getrocknet. Sie haben einen knackigen, milden Geschmack.

Bittermelone/Bittergurke
Ku Gua

Dieses Gemüse liebt das feuchte und heiße Klima der Tropen. Die Kletterpflanze *(Momordica charantina)* ist auch unter den Namen Balsambirne und Karella bekannt und stammt aus der Familie der Kürbisgewächse. In China ist sie ein beliebtes Lebens- und Heilmittel, das getrocknet zu Tee verarbeitet wird, der z. B. gegen Halsentzündung und Heiserkeit helfen, aber auch eine krebsbekämpfende und blutzuckersenkende Wirkung haben soll.

Chilischoten
Xiao La Jiao

Chilis, mit den Paprikas verwandt, sind die Beerenfrüchte eines Nachtschattengewächses aus der Familie der *Solanaceae*. Es gibt sie in Rot und Grün, frisch oder getrocknet und sie geben feurigen Gerichten ihre Schärfe (die Schärfeskala von Chilis reicht von eins bis zehn). Nach China kamen sie durch Seefahrer, welche die kleinen scharfen Schoten aus Südamerika mitbrachten.

Chilis werden in der traditionellen chinesischen Medizin als heiße Nahrungsmittel bezeichnet, die energiereich sind und wärmend wirken. Die Inhaltsstoffe der Chili haben unter anderem verdauungsfördernde, desinfizierende und blutdrucksteigernde Wirkung, frisch enthalten sie viel Vitamin C.

Chinakohl
Bai Cai

Diese Kohlart stammt aus dem Norden Chinas und wird bereits seit dem 5. Jahrhundert angebaut. Man kann Chinakohl, der bei uns überall erhältlich ist, frisch als Salat, als Teigtaschenfüllung, gedünstet, blanchiert oder eingelegt zubereiten.

Chinesischer Blütenkohl
Cai Xin

Diese Kohlart *(Brassica rapa var. parachinensis)* mit kleinen gelben Blüten, fleischigem Stiel und zarten Blättern wird meistens pfannengerührt oder blanchiert zubereitet. Alternativ kann man auch den bei uns als chinesischen Brokkoli – *Gai Lan* bzw. *Jie Lan* – bezeichneten Kohl verwenden *(Brassica rapa var. alboglabra)*.

Chinesischer Knoblauch
Jiu Cai

Das bei uns als Schnittknoblauch *(Allium tube-rosum)* bekannte Gewürz wird wegen seines knoblauchähnlichen Aromas auch chinesischer Knoblauch genannt. Dieser hat den Vorteil, dass der Knoblauchgeruch nach dem Essen kaum feststellbar ist. Man verwendet ihn in Salaten, aber auch in Wokgerichten und als Teigtaschen-füllung zusammen mit anderen Zutaten.
Als Ersatz können Bärlauchblätter oder junge grüne Knoblauchtriebe verwendet werden, alter-nativ auch normaler Schnittlauch, der jedoch nicht so intensiv schmeckt.

Chinesische Schalotten
Cong Tou

Eine Zwiebelart, die wie Knoblauch mehrere Zehen unter der gemeinsamen äußeren Zwiebel-schale aufweist, mit feinem und mildem Geschmack. Sie ist den bei uns erhältlichen Schalotten aus Europa sehr ähnlich.

Frühlingszwiebeln
Xiao Cong

Diese Grün- oder Bundzwiebeln besitzen eine kleine weiße Zwiebel und viel Grün. Bei uns werden sie als Lauch- bzw. Frühlingszwiebeln an-geboten. In der chinesischen Küche werden sie mit dem Grün als Gemüse und als Gewürz ver-wendet. Ähnlich wie die Frühlingszwiebeln sehen die chinesischen Schalotten (siehe dort) aus, die hier jedoch kaum erhältlich sind und deshalb durch Frühlingszwiebeln ersetzt werden. Die chinesische Schalotte hat – ähnlich dem Lauch – meist einen größeren und auch dickeren weißen Teil, im Geschmack ist sie mit der Frühlings-zwiebel gleichzusetzen.

Kumquat
Jin Ju

Die Heimat der Kumquats sind das südöstliche China und Vietnam. Die eiförmigen Früchte, maxi-mal 4 cm lang, wachsen auf Sträuchern. Die Haut spielt von Goldgelb bis Orange. Die Früchte werden wegen ihres süßherben Geschmacks sehr geschätzt. Man isst sie mit Schale und Kernen oder nutzt sie – in Scheiben geschnitten – als Beilage zu Desserts oder in Fruchtsalaten.

Litschi
Li Zhi

Der Litschibaum ist ein Seifenbaumgewächs aus Südchina und wird dort schon seit über 3000 Jahren gezüchtet. Die aprikosengroße Frucht hat eine dünne, rötliche und sehr raue Schale, die sich leicht entfernen lässt. Das Fleisch der Frucht ist fest, saftig und weiß und hat einen vom Reifegrad abhängigen Geschmack, der süß und nicht sauer sein sollte. Der Kern ist groß, braun und nicht essbar.

Man erhält Litschis frisch im Supermarkt und als Konserven oder getrocknet im Asialaden.

Sie werden überwiegend für Desserts verwendet.

Longan/Drachenauge
Long Yan

Die Frucht mit dem malerischen Namen Drachen-auge (*Long* bedeutet Drachen und *Yan* Auge) wächst ebenfalls auf einem Seifenbaumgewächs, wobei die murmelgroßen Früchte in Trauben aneinandergereiht an den Ästen wachsen. Durch Pressen der lederartig harten gelbbraunen Schale platzt diese und es kommt eine weiße, sehr süße und aromatisch schmeckende, saftige Frucht mit glänzendem braunem Kern heraus. Longans sind frisch und getrocknet erhältlich. Die frischen Früchte verwendet man entkernt in Fruchtsalaten oder als Beilage zu Desserts, die getrockneten Früchte in Suppen und Süßspeisen.

Lotuswurzeln
Lian Ou

Zum Kochen verwendet man frische (Saison: Herbst), gefrorene oder getrocknete Wurzeln, die oft bereits in Scheiben geschnitten abgepackt sind. Frische, unbehandelte Lotuswurzeln müssen

ganz dünn abgeschält werden. Die knackige, in der südostasiatischen Küche beliebte Zutat kann bis zu einem Meter lang werden. Damit frische Wurzeln nicht braun werden, legt man sie nach dem Schälen und Schneiden bis zur weiteren Verarbeitung am besten in Zitronenwasser.

Sojasprossen/ Mungobohnensprossen
Huang Do Ya/Lü Dou Ya
Die frischen Sprossen sind wahre Vitaminbomben und werden aus der Soja- oder Mungobohne gezogen. Sie eignen sich für Salate oder als Gemüse; für Salate können sie blanchiert werden.

Wasserkastanien
Bi Qi
Der Kern der Wasserpflanze mit brauner Schale, die man entfernen muss, schmeckt leicht süßlich und hat eine knackige Konsistenz. Fertig geschält, ganz oder in Scheiben geschnitten, sind sie bei uns als Konserve erhältlich.

Wasserspinat
Kong Xin Cai
Die krautige Pflanze, die geschmacklich dem europäischen Spinat ähnelt, wächst am Boden kriechend oder im Wasser schwimmend. Die knackigen Stängel und die kontrastreiche Farbe erfreuen Gaumen und Auge. In China zählt diese Pflanzenart zum beliebtesten Sommergemüse, das gerne für Suppen- und Wokgerichte verwendet wird.

Zuckererbsenschoten
He Lan Dou
Diese zarten und leicht süßlichen Erbsen, auch Kaiserschoten oder Schneeerbsen genannt, werden mit der Schote verwendet. Die Erbsen zählen zu den ältesten kultivierten Gemüsepflanzen. Sie wurden schon vor mehr als 4.000 Jahren in China angebaut. Die Zuckererbse ist eine der etwa 80 essbaren Erbsensorten. Zuckererbsenschoten passen hervorragend zu Wokgerichten.

GEWÜRZE
Su Shi Tiao Wei Liao

Die heilende Kraft von Kräutern, Wurzeln, Rinden und Blüten war im alten China eine gesicherte Wissenschaft: Vor mehr als 5.000 Jahren waren die Heilkräuter und ihre Wirkungen bereits katalogisiert und schriftlich festgehalten. Auch im heutigen China sind die Erkenntnisse aus dem Bereich der Pflanzenheilkunde ein fester Bestandteil der Medizin. Die in der chinesischen Küche verwendeten Gewürze dienen sozusagen immer auch der sanften Behandlung von seelischen und körperlichen Beschwerden. Die Kraft aus der Natur ist eine wertvolle Quelle für die Gesundheit.

Bohnenpaste, süß/scharf

Tian Mian Jiang/Dou Ban La Jiang

Die aus fermentierten hellen Sojabohnen hergestellte Würzpaste wird zum Kochen, Braten und
Dämpfen verwendet. Sie entspricht einer sehr
dicken Sojasauce und schmeckt entsprechend
intensiver. Sie wird als süße und als scharfe
Bohnenpaste angeboten, Letztere wird häufig
bei würzigen Gerichten als Zutat verwendet.

Chilisauce aus Gui Lin

Gui Lin La Jiang

Die Sauce wird auch als einer der drei Schätze
der chinesischen Stadt Gui Lin bezeichnet, deren
Region (siehe Abbildung auf der vorigen Doppel-
seite) für ihre besonderen Chilisaucen bekannt
ist. Die bei uns meist im Glas erhältliche Sauce
ist eher eine Art Paste. Sie wird aus fermentierten Sojabohnen, gesalzenen Chilischoten,
Knoblauch, Sojasauce, Zucker und weiteren
Inhaltsstoffen hergestellt. Sie passt zu deftigen
Gerichten.

Eingelegte schwarze Bohnen

Dou Chi

Es handelt sich dabei um fermentierte schwarze
Bohnen, die als Gewürz in sehr vielen Gerichten
verwendet und wegen ihres Geschmacks und
ihrer Farbe geschätzt werden. Beim Braten von
Tofu oder Gemüse werden sie direkt als Würze
mit eingerührt, wobei berücksichtigt werden
sollte, dass sie salzig sind und dann weitere
Gewürze wie Sojasauce oder Salz sparsamer verwendet werden können. Es gibt außerdem noch
schwarze Bohnenpaste, die ebenfalls aus fermentierten schwarzen Bohnen besteht, aber durch
den Zusatz von weiteren Gewürzen einen ganz
eigenen geschmacklichen Charakter hat und kein
Ersatz für die eingelegten schwarzen Bohnen ist.

Fünfgewürzepulver

Wu Xiang Fen

Die Farbe des Gewürzpulvers ist bräunlich-rot
und es kann vielfältig verwendet werden. Es
besteht aus gemahlenem Sternanis (siehe dort),
Fenchelsamen, Zimt, Gewürznelken und Sichuanpfeffer (siehe dort).

Hoisinsauce
Hai Xian Jiang

Die aus Sojabohnen, Chili, Knoblauch und Gewürzen hergestellte dickflüssige, süßliche und würzige rotbraune Sauce wird zum Kochen und als Zutat für Saucen und Dips verwendet. Sie ist luftdicht verschlossen lange haltbar.

Ingwer
Sheng Jiang

Frischer Ingwer mit seinem intensiven, leicht brennenden Aroma gehört zu den drei wichtigsten Gewürzen der chinesischen Küche. Das Rhizom wird frisch als ungeschälte „Wurzel" eingelegt (Ingwerpflaumen) oder kandiert angeboten. Getrocknet ist es auch als Pulver *(Jiang Fen)* erhältlich.

Koriander
Xiangcai

Die Blätter des aromatischen Krauts (übersetzt bedeutet *Xiangcai* „duftendes Gemüse") ähneln in ihrem Aussehen denen der glattblättrigen Petersilie. Sie werden zum Würzen und Dekorieren verwendet. Die ganzen Samenkörner (oder gemahlen als Korianderpulver) geben Gerichten ein zartes Zitrusaroma.

Pflaumensauce
Mei Jiang

Diese dickflüssige Sauce gilt als eines der ältesten chinesischen Würzmittel. Die fruchtigsüßsaure und zugleich würzige und scharfe dunkle Sauce wird aus Pflaumen, Zucker, Essig, Chilis und Gewürzen hergestellt.

Sesampaste
Zhi Ma Jiang

Die dicke Paste wird aus gerösteten, gemahlenen Sesamsamen hergestellt. Vor Gebrauch sollte sie mit Wasser verdünnt werden. Sie ist für kalte Gerichte, Salate oder Saucen geeignet. Die bei uns erhältliche Tahini (aus rohen Sesamsamen gewonnen) ist kein Ersatz für die chinesische Sesamwürzpaste.

Sichuanpfeffer/Szechuanpfeffer
Hua Jiao

Dieser Pfeffer, auch Anispfeffer genannt, ist Bestandteil des Fünfgewürzepulvers (siehe dort). Die Beeren sind hohl und werden aufgespalten. Eine rotbraune Hülse umschließt das Samenkorn, das ein sehr starkes Aroma hat, das beim Anrösten in der Pfanne noch verstärkt wird.

Sternanis
Ba Jiao

Die sternförmige, aus acht Segmenten bestehende Frucht eines immergrünen Baums ist in der chinesischen Küche unverzichtbar und Teil des bekannten Fünfgewürzepulvers (siehe dort). Sternanis wird hauptsächlich zum Würzen von Tofu sowie für Beizen und Marinaden verwendet.

Vegetarische Austernsauce
Su Hao You

Diese sehr geschmacksintensive Sauce wird oft in der vegetarischen Küche verwendet. Tipp: Sauce erst kurz vor dem Servieren zugeben, um die Aromenvielfalt des Gemüses besonders hervorzuheben.

健康长寿

GRUNDREZEPTE
Ji Ben Zuo Fa

In China schätzen die Menschen ihr zu Hause selbst zubereitetes Essen sehr, deshalb genießen die meisten Chinesen lieber die eigene Küche mit frischen Saucen und Dips. Wann immer es geht, nehmen sie sich die Zeit, Wokgerichte frisch zuzubereiten und Teigtaschen oder Nudeln frisch herzustellen, und jedes Familienmitglied beteiligt sich daran.

Reis auf chinesische Art
Mi Fan

400 g Reis (aus dem Asialaden)

1 Reis in einen Topf geben und zwei- bis dreimal mit kaltem Wasser abspülen. Das Wasser
jeweils vorsichtig wieder abgießen.
2 Anschließend so viel kaltes Wasser in den Topf
füllen, dass es ca. 1 cm über dem Reis steht. Oder
aber die flache Hand auf den Reis legen und
so viel Wasser zugießen, bis es die Hand gerade
bedeckt – dies entspricht ebenfalls der optimalen
Wassermenge.
3 Den Reis bei starker Hitze zum Kochen bringen. Dann den Deckel abnehmen und bei mittlerer Hitze eine bis drei Minuten weiter kochen,
bis das Wasser fast verdampft ist. Dann den
Deckel wieder auflegen und bei schwächster
Hitze zu Ende garen.

Tipp Die Zubereitung dauert etwa 25 bis
30 Minuten. Während dieser Zeit können die
Wokgerichte parallel zubereitet werden.

Teig
Mian

1 Prise Salz
250 – 300 ml lauwarmes Wasser
500 g Weizenmehl, Type 405

1 In einer Schüssel das Salz im lauwarmen
Wasser auflösen. Dann das Mehl zugeben und die
Masse zu einem glatten Teig kneten.
2 Anschließend die Schüssel mit einem feuch-
ten Tuch oder einem Deckel bedecken und den
Teig eine Stunde ruhen lassen.
3 Ob für chinesischen Pfannkuchen oder
Wan-Tans, Teigtaschen *(Jiao Zi)* oder frische
Nudeln – dieses Rezept ist die Basis dafür.

Frische Sauce
Xian La Jiang Zhi

Dies ist eine Sauce für alle Fälle: Sie unterstützt durch ihre Aromen den Geschmack verschiedener Gerichte und lässt sich schnell herstellen.

1 rote Chilischote
2 Frühlingszwiebel
4 Knoblauchzehen
1 TL – 1 EL frischer Ingwer, geschält und
  gehackt (Menge nach Geschmack)
4 frische Korianderpflänzchen
helle Sojasauce
brauner Reisessig
Sesamöl

1 Die frischen Zutaten waschen und klein hacken.
2 Vom Koriander die Wurzel entfernen, das Kraut waschen und zerkleinern.
3 Die Menge des Ingwers nach Geschmack und Schärfe wählen.
4 Alles in eine kleine Schüssel geben und so viel Sojasauce hinzugeben, dass die Zutaten gerade davon bedeckt werden. Einen Esslöffel Essig dazugeben, gut verrühren und mit fünf bis sechs Tropfen Sesamöl abschmecken.

Tipp Statt der Chilischote kann man auch Sambal Olek verwenden.

Erdnussdip
Hua Sheng Jiang Zhi

3 EL Erdnussbutter
3 EL helle Sojasauce
3 EL Honig
6 EL Tomatenketchup
1 Prise Salz
1 Prise Chilipulver

1 Alle Zutaten in einer kleinen Schüssel zu einer glatten Paste verrühren.

Tipp Der Dip passt gut zu frittiertem Tofu und Gemüse.

Pflaumendip
Mei Jiang Tiao Wei Zhi

1 kleines Stück frischer Ingwer
4 EL Pflaumenmus
4 EL Mangochutney
4 EL Hoisinsauce
2 TL helle Sojasauce
1 EL Reisessig

1 Den frischen Ingwer schälen und fein reiben, es sollte ungefähr 1 TL ergeben.
2 Mit den restlichen Zutaten zu einer glatten Masse verrühren.

Tipp Dieser süßsaure Dip passt zu vielen Gerichten.

Knoblauchdip
Da Suan Jiang Zhi

6 Knoblauchzehen
1 EL Hoisinsauce
3 EL helle Sojasauce
1 EL Reisessig
Sesamöl zum Abschmecken

1 Den Knoblauch schälen und fein hacken.
2 Mit den restlichen Zutaten glatt rühren und mit ca. 5 Tropfen Sesamöl abschmecken.

Tipp Der Knoblauchdip passt gut zu Teigtaschen und Dim Sum (gefüllte Dampfnudeln).

Chiliöl
La Jiao You

300 ml Pflanzenöl
10 getrocknete Chilischoten
10 Sichuanpfefferkörner

1 Das Pflanzenöl im Wok erhitzen, bis an einem hineingehaltenen Holzstäbchen feine Bläschen aufsteigen.
2 Die Chilis mit der Hand zerdrücken und zusammen mit dem Sichuanpfeffer ins Öl geben. Den Wok sofort vom Herd nehmen, damit die Chilis nicht schwarz werden, und an einem geeigneten Ort auf Zimmertemperatur abkühlen lassen.
3 Das Chiliöl anschließend in saubere Glasgefäße umfüllen.

Sauer eingelegtes Gemüse
Sichuan Pao Cai

Steingutgefäß mit 10 l Fassungsvermögen
 (oder ein anderes Gefäß mit ausreichendem
 Fassungsvermögen, z. B. aus Glas, jedoch kein
 Metall)

3 l Wasser
180 g Natursalz
500 g Karotten
500 g weißer Rettich
1 kg Weißkohl
500 g Staudensellerie
5 – 10 Knoblauchzehen, geschält
5 – 10 scharfe Chilischoten
1 TL Sichuanpfefferkörner

1 Das Wasser in einem fettfreien Topf zum Kochen bringen, das Salz darin vollständig auflösen und anschließend abkühlen lassen.
2 Das Gemüse waschen und gut abtropfen lassen. Karotten sowie Rettich schälen und in Scheiben schneiden.
3 Weißkohl von Hand in Blättchen zerkleinern. Sellerie schräg zur Faserrichtung in kleine Stücke schneiden.
4 Die abgekühlte Salzlösung in das vorbereitete, saubere Gefäß einfüllen. Knoblauchzehen, Chilischoten und Sichuanpfeffer hinzufügen und das vorbereitete Gemüse nach und nach einfüllen.
5 Das Gefäß sorgfältig mit einem Deckel oder Ähnlichem (z. B. mit Frischhaltefolie) so dicht verschließen, dass kein Sauerstoff mehr eintreten kann. Bei ca. 20 °C etwa zehn bis zwölf Tage gären lassen.

Tipps Diese ist nur eine von vielen möglichen Variationen. Generell sollte darauf geachtet werden, dass absolut fettfrei gearbeitet wird, sonst kann Fäulnis entstehen. Weiche Gemüsesorten wie z. B. Gurken oder Senfkohl sind in einem separaten Gefäß einzulegen, da sie eine kürzere Gärzeit als die in den Zutaten genannten festeren Gemüsearten benötigen. Nach der ersten Gärung und teilweiser Gemüseentnahme kann immer wieder neues Gemüse zur weiteren Gärung nachgefüllt werden. Falls an der Wasseroberfläche ein weißer Belag schwimmt, diesen entfernen und ins Gefäß zwei Esslöffel klaren Schnaps und eventuell etwas Salz dazugeben, damit der Belag verschwindet. Pro Liter Wasser sind etwa 60 bis 80 Gramm Salz zu rechnen, wobei Jod den Gärungsprozess beeinträchtigt, deshalb sollte immer nur Natursalz (ohne Jodzusatz) verwendet werden.

In Nordchina findet man überwiegend den sauer eingelegten Chinakohl, der dann mit anderen Zutaten z. B. in Suppen, Teigtaschenfüllungen usw. zusammen gekocht wird. In Südchina werden unterschiedliche Gemüsesorten sauer eingelegt, die meist als Beilage serviert werden. Die beiden, hier vorgestellten Rezepte sind traditionell aus Nord- und Südchina.

Sauer eingelegter Chinakohl
Dong Bei Suan Cai

Steingutgefäß mit ca. 6 l Fassungsvermögen (oder ein anderes Gefäß mit ausreichendem Fassungsvermögen, z. B. aus Glas, jedoch kein Metall)

3 l Wasser
3 kg sehr fester Chinakohl
180 g Natursalz

1 Das Wasser in einem fettfreien Topf zum Kochen bringen, das Salz darin vollständig auflösen und anschließend abkühlen lassen.
2 Die äußeren Blätter des Chinakohls entfernen und den Kohl der Länge nach halbieren, aber nicht waschen.
3 Die Kohlhälften möglichst ohne Luftzwischenraum auf dem Boden des vorbereiteten sauberen Gefäßes festdrücken und das Ganze mit einem ausgekochten sauberen Stein so beschweren, dass eventuell noch zwischen den Blättern eingeschlossene Luft herausgedrückt wird.
4 Die abgekühlte Salzlösung darübergießen, bis sie mindestens 2 cm über dem Kohl steht und er vollständig davon bedeckt ist.
5 Das Gefäß sorgfältig mit einem Deckel oder Ähnlichem so dicht verschließen, das kein weiterer Sauerstoff mehr eintreten kann. Bei 10–20 °C etwa 20 bis 30 Tage gären lassen.

Tipp Die Tipps für „sauer eingelegtes Gemüse" sind zu beachten (siehe gegenüber). Anstelle des traditionellen ausgekochten nahrungsmittelechten Steins kann man das Ganze auch in einer stabilen, sterilen mit Salzwasser gefüllten und gut verschlossenen Kunststofftüte herstellen.

美食美味

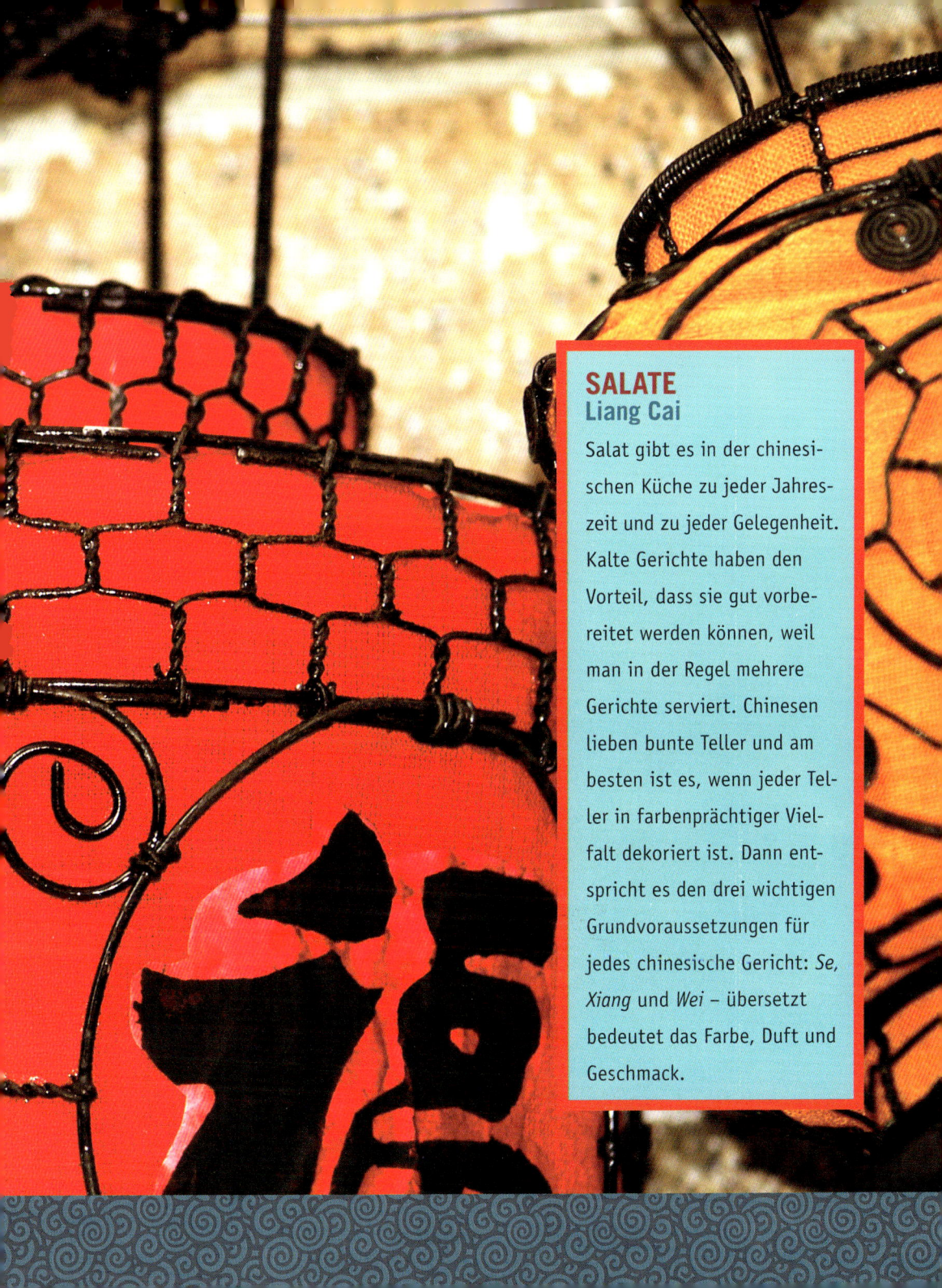

SALATE
Liang Cai

Salat gibt es in der chinesischen Küche zu jeder Jahreszeit und zu jeder Gelegenheit. Kalte Gerichte haben den Vorteil, dass sie gut vorbereitet werden können, weil man in der Regel mehrere Gerichte serviert. Chinesen lieben bunte Teller und am besten ist es, wenn jeder Teller in farbenprächtiger Vielfalt dekoriert ist. Dann entspricht es den drei wichtigen Grundvoraussetzungen für jedes chinesische Gericht: *Se, Xiang* und *Wei* – übersetzt bedeutet das Farbe, Duft und Geschmack.

Goldnadelpilzsalat mit Agar-Agar-Streifen
Jin Zhen Gu ban Liang Fen

2 getrocknete Mu Err
100 g Bohnensprossen
20 g Bambussprossen (frisch oder aus der Dose)
100 g Agar-Agar-Streifen
(alternativ: feine Glasnudeln)
100 g Goldnadelpilze
2 Stangen Staudensellerie
3 Scheiben einer Karotte
¼ rote Gemüsepaprika
2 TL Pflanzenöl
1 TL Chiliöl (siehe Grundrezept Seite 26)
1 TL heller Reisessig
½ TL Sesamöl
½ TL Zucker
Salz

1 Mu Err in warmem Wasser einweichen, anschließend waschen und in dünne Streifen schneiden.
2 Die Bohnensprossen waschen und zusammen mit den Bambussprossen in kochendem Wasser blanchieren.
3 Agar-Agar-Streifen aus der Verpackung nehmen, unter fließendem Wasser abspülen und abtropfen lassen.
4 Die Wurzeln der Goldnadelpilze abschneiden, vereinzeln und ebenfalls kurz blanchieren.
5 Sellerie, Karotten und Paprika waschen und alles in sehr dünne Streifen schneiden.
6 Alle Zutaten mit Ölen, Essig und den Gewürzen in eine Schüssel geben, gut vermischen und servieren (siehe Abbildung links).

Bohnensprossen-Spinat-Salat
Dou Ya ban Bo Cai

300 g Blattspinat, 100 g Bohnensprossen
2 Karotten, 1 Stück frischer Ingwer
1 EL erhitzbares Pflanzenöl, z. B. Erdnussöl
½ TL Sichuanpfefferkörner
2 EL helle Sojasauce, 1 EL Reisessig, 1 TL Sesamöl
1 TL Zucker, Salz
2 EL Sesamsamen

1 Spinat putzen, Wurzeln abschneiden, Blätter waschen und im kochenden Wasser kurz blanchieren. Herausnehmen und mit kaltem Wasser abschrecken, abtropfen lassen und klein schneiden.
2 Bohnensprossen waschen, blanchieren und in kaltem Wasser abschrecken.
3 Karotten schälen und die Spitze kappen. Vom dicken Teil der Karotte in Längsrichtung vier dreieckige Streifen keilförmig herausschneiden. Anschließend die Karotten so in Scheiben schneiden, dass viele kleine Karottenblümchen entstehen.
4 Ingwer schälen und in feine Scheiben schneiden, es sollte ungefähr 1 TL ergeben.
5 Öl im Wok erhitzen, darin den Sichuanpfeffer und den Ingwer braten, bis sie duften. Beides herausnehmen und das Öl abkühlen lassen.
6 Helle Sojasauce, Reisessig, Zucker, Sesamöl und das Öl aus dem Wok zu einem Salatdressing verrühren.
7 Spinat, Bohnensprossen und Karottenblümchen gut mit dem Salatdressing durchmischen.
8 Die Sesamsamen in einer kleinen Pfanne ohne Fett leicht anrösten, über den Salat streuen und servieren.

Chinakohlsalat mit Erdnüssen
Hua Sheng ban Bai Cai

350 g Chinakohl
2 Karotten
½ Salatgurke
Salz
¼ rote Gemüsepaprika
1 frische rote Chilischote
75 g ungesalzene Erdnüsse
3 frischer Koriander
2 Knoblauchzehen, geschält und fein gehackt
2 EL helle Sojasauce
2 EL heller Reisessig
1 TL Zucker
½ TL Sesamöl
1 EL Schnittlauch, fein geschnitten

1 Das Gemüse gründlich waschen, Chinakohl abtropfen lassen, Karotten und Gurke schälen.
2 Chinakohl, Salatgurke und Karotten in feinste Streifen schneiden, mit Salz bestreuen und nach zehn Minuten mit der Hand alles leicht durchkneten.
3 Paprika entkernen und in dünne Streifen schneiden, Chilischote ebenfalls entkernen und fein hacken.
4 Erdnüsse in einer Pfanne ohne Fett leicht anrösten, anschließend grob zerkleinern.
5 Vom Koriander die Wurzeln entfernen und das Kraut in 1 cm lange Stücke schneiden.
6 Das ganze Gemüse mit den Erdnüssen und dem Knoblauch in eine Salatschüssel geben.
7 Sojasauce, Essig, Zucker und Sesamöl zu einem Dressing verrühren, über den Salat gießen und gut durchmischen. Zum Schluss mit den Schnittlauchröllchen bestreuen und servieren (siehe Abbildung rechts oben).

Lotuswurzelsalat mit Brokkoli
Shan Hu Nen Ou Pian

300 g Lotuswurzel
100 g Brokkoli
¼ rote Gemüsepaprika
1 EL eingelegter Tofu
1 EL Speisestärke
1 EL Pflanzenöl
2 Knoblauchzehen, geschält und fein gehackt
Salz
1 TL Zucker
½ TL Sesamöl

1 Frische Lotuswurzeln schälen und in dünne Scheiben schneiden, gefrorene Scheiben auftauen lassen. Kurz in kochendem Wasser blanchieren.
2 Das frische Gemüse gründlich waschen und abtropfen lassen. Paprika entkernen und fein in reiskorngroße Stücke schneiden, den Brokkoli in Stücke schneiden.
3 Eingelegten Tofu mit Speisestärke und 50–100 ml Wasser in einem kleinen Topf mischen und kurz zu einer flüssigen Sauce aufkochen lassen.
4 Die Sauce vom Herd nehmen, die Lotuswurzelscheiben einzeln darin wenden und kreisförmig auf einem Teller gleichmäßig auslegen.
5 Öl im Wok erhitzen und den Knoblauch darin braten. Brokkoli hinzugeben und mit Salz würzen. Wenn der Brokkoli eine intensive grüne Farbe bekommen hat, herausholen und mittig auf den Lotuswurzelscheiben platzieren.
6 Paprika im Wok mit Zucker und Sesamöl kurz braten, herausnehmen und so über die Lotuswurzelscheiben streuen, dass ein farbiger Salat entsteht. Zum Schluss alles mit Sesamöl übergießen (siehe Abbildung rechts unten).

Wasserkastanien-Tofu-Kügelchen mit Feldsalat
Bi Qi Dou Fu Qiu Liang ban Xiao Qing Cai

Für die Tofukügelchen:
400 g Tofu
100 g Weizenmehl, Type 405
100 g Wasserkastanien
10 g Speisestärke
1 Ei
1 Ingwerscheibe
¼ TL Fünfgewürzepulver
Öl zum Braten
Salz

Für den Salat:
200 g Feldsalat
2 EL helle Sojasauce
2 EL Reisessig
1 TL Zucker
½ TL Sesamöl
Salz

1 Tofu in einer Schüssel von Hand zu einer gleichmäßigen Masse zerdrücken.
2 Wasserkastanien sehr klein schneiden, sodass sie sich leicht unter die Tofumasse rühren lassen. Sie sorgen für den besonders knackigen Biss der fertigen Kügelchen.
3 Mehl, die Hälfte der Speisestärke und das Ei zur Masse geben.
4 Ingwer sehr fein hacken und in die Tofumasse einrühren, alles zu einem dicken, glatten Brei kneten.
5 Öl im Wok erhitzen und von Hand aus der Tofu-masse kleine Kugeln formen, in der restlichen Speisestärke wenden und nacheinander gold-braun anbraten. Kugeln herausnehmen und auf Küchenpapier abtropfen lassen. Bei zweimaligem Braten werden die Kugeln noch knuspriger.
6 Feldsalat waschen, gut abtropfen lassen und die kleinen Wurzeln entfernen. Die Blättchen in eine Salatschüssel legen.
7 Aus den restlichen Zutaten eine Salatsauce rühren, über den Salat verteilen und gleichmäßig unterheben.
8 Salat auf Teller verteilen und mit den knuspri-gen Tofukügelchen belegen.

Fingersalat mit Pinienkernen
Song Ren Sheng Cai Juan

50 g Glasnudeln
10 Kopfsalatblätter
1 rote Gemüsepaprika
1 Karotte
1 EL Schnittlauch
100 g vorgegarter Tofu
100 g Wasserkastanien
1 Knoblauchzehe, geschält und fein gehackt
1 EL erhitzbares Pflanzenöl, z.B. Erdnussöl
1 EL helle Sojasauce
1 TL Reisessig
Salz
30 g Pinienkerne
3 EL Pflaumensauce

1 Glasnudeln etwa 20 Minuten in warmem Wasser einweichen, dann herausnehmen, abtropfen lassen und auf ca. 10 cm Länge schneiden.
2 Das Gemüse gründlich waschen, Salatblätter trocken schleudern, Karotte schälen und Schnittlauch fein schneiden.

3 Paprika halbieren, entkernen und in kleine quadratische Stückchen schneiden. Tofu, Wasserkastanien und Karotte in erbsengroße Würfel schneiden.
4 Öl im Wok erhitzen, Knoblauch dazugeben und wenn er duftet, die Karottenwürfel unterrühren. Dann nacheinander die Paprika, Wasserkastanien, Tofu und Glasnudeln hinzugeben, weiterrühren und ca. zwei Minuten braten.
5 Mit heller Sojasauce, Reisessig und Salz würzen und zum Abkühlen auf einen Teller geben.
6 Pinienkerne ohne Fett im Wok leicht anrösten.
7 Je zwei Esslöffel der gebratenen Gemüsefüllung auf die gut abgetropften Salatblätter häufeln und mit Pinienkernen und Schnittlauch bestreuen.
8 Zum Servieren noch wenige Tropfen Pflaumensauce darübergeben und die Salatblätter mit der Füllung fest zu kleinen Röllchen formen, damit man sie mit den Fingern essen kann.

Glasnudelsalat mit Lilienblüten
Fen Si ban Huang Hua Cai

50 g getrocknete Lilienblüten
30 g getrocknete Shiitake
100 g Glasnudeln
Salz
400 g Blattspinat
2 EL helle Sojasauce
1 TL Sesamöl
20 g Bambussprossenstreifen
1 EL erhitzbares Pflanzenöl
2 – 3 Knoblauchzehen, fein gehackt
½ cm frischer Ingwer, fein gehackt
1 EL Schnittlauch, fein geschnitten
1 EL scharfer Senf
1 – 2 EL Reisessig
1 TL Chiliöl (je nach gewünschter Schärfe;
  siehe Grundrezept Seite 26)

1 Lilienblüten und Shiitake getrennt in warmem Wasser ca. 30 Minuten einweichen, anschließend gründlich abspülen. Pilze in Streifen schneiden und Lilienblüten in der Mitte längs halbieren.
2 Glasnudeln in warmem Wasser einweichen. Herausnehmen und in kochendem Wasser eine Minute blanchieren. Durch ein Sieb abgießen, Nudeln abtropfen lassen, nach Belieben ein paar Mal zerschneiden und mit etwas Salz mischen.
3 Spinat putzen, waschen und in kochendem Wasser eine Minute blanchieren. In kaltem Wasser abschrecken und die Blätter mit der Hand leicht auspressen. Spinat auf Größe der Pilzstreifen schneiden, mit Salz, Sojasauce und Sesamöl würzen und auf einer Platte auslegen.
4 Glasnudeln so auf dem Spinat verteilen, dass noch ein grüner Rand zu sehen ist.
5 Bambussprossen in Streifen schneiden.
6 Pflanzenöl im Wok erhitzen, Knoblauch und Ingwer darin kurz anbraten, bis sie zu duften beginnen, dann die Pilze, Bambusstreifen und Lilienblüten unterrühren und für ca. drei Minuten weiterbraten. Zum Schluss nach Geschmack salzen.
7 Das Wokgemüse mittig auf die Glasnudeln geben, sodass noch ein Glasnudelrand zu sehen ist.
8 Zum Schluss den Schnittlauch darüberstreuen. Senf mit Essig und Chiliöl mischen und das Dressing erst kurz vor dem Servieren über den Salat träufeln (siehe Abbildung rechts).

Peking-Gurkensalat
Beijing Feng Wei Cong ban Huang Gua

2 Salatgurken
4 Frühlingszwiebeln
4 frische Korianderpflänzchen

Für die Sauce:
2 EL helle Sojasauce
2 EL Reisessig
3 EL Sesampaste
Salz

1 Das Gemüse und den Koriander gründlich putzen und waschen. Die Gurken schälen, halbieren, mit einem Teelöffel entkernen. Die Gurke in dünne Scheiben schneiden, in eine Salatschüssel geben und etwas Salz darüberstreuen.
2 Die Frühlingszwiebeln mit dem Grün in feine längliche Streifen schneiden.
3 Korianderwurzeln abschneiden und das Kraut in 1 cm lange Stücke schneiden.
4 Die Gurken aus der Schüssel nehmen und beiseitestellen. Sojasauce und Essig mit dem Gurkensaft und der Sesampaste zu einer Salatsauce verrühren.
5 Gurkenscheiben, Frühlingszwiebelstreifen und Koriandergrün zur Sauce geben, alles gut vermischen und dann servieren.

VORSPEISEN
Xia Jiu Cai

Wir nennen die Vorspeisen *Xia Jiu Cai*, das bedeutet, dies sind die Speisen, die zum Aperitif serviert werden oder die vor der Hauptspeise auf den Tisch kommen. Die feinen kleinen Gerichte gibt es kalt oder warm, sie schmecken mild, süß oder würzig. Meistens werden nur kleine Portionen gereicht, damit danach noch ein Menü gegessen werden kann.

Bernstein-Walnüsse
Hu Po He Tao

Weil sie wie Bernstein aussehen, haben sie diesen schönen Namen bekommen; sie werden kalt, aber auch warm gegessen.

400 g Walnusskerne
1 ½ TL Sesamöl
200 g Zucker

1 Den Wok erhitzen und die Walnusskerne unter ständigem Rühren goldgelb braten. Dann vorsichtig herausholen, damit die abgelöste Haut im Wok verbleibt. Den Wok säubern.
2 Sesamöl bei schwacher Hitze im gesäuberten Wok erwärmen. Den Zucker darin schmelzen und goldbraun werden lassen (karamellisieren). Dabei immer wieder von der Hitze nehmen, damit die Zuckermasse nicht anbrennt.
3 Wenn sich Bläschen bilden, die Walnusskerne zugeben und mit der Karamellmasse gut vermischen. Die klebrigen Walnusskerne einzeln mit Stäbchen herausnehmen und auf Backpapier zum Abkühlen verteilen. Zum Servieren die Bernstein-Walnüsse auf einen Teller legen.

Juwelen-Mischung
Shi Jin Cai

Für die Sauce:
2 EL Speisestärke
2 EL helle Sojasauce
1 EL Hoisinsauce

50 g Tofu
Salz
20 g Lilienblüten
15 g Mu Err
50 g Glasnudeln
100 g Zuckererbsenschoten
6 EL Pflanzenöl
1 TL frischen Ingwer, geschält und fein gehackt
6 Frühlingszwiebeln
100 g Austernpilze
10 kleine Maiskolben
100 g Strohpilze (Konserve)
100 g Ginkgokerne (Konserve)

1 Speisestärke, Sojasauce und Hoisinsauce mit etwas Wasser zu einer Sauce vermischen.

2 Tofu in kleine Würfel schneiden und salzen.

3 Lilienblüten und Mu Err getrennt in warmem Wasser ca. 30 Minuten einweichen, danach gründlich abspülen.

4 Glasnudeln in warmem Wasser einweichen, dann in kochendem Wasser eine Minute blanchieren. Aus dem Wasser nehmen, abtropfen lassen und nach Belieben ein paarmal durchschneiden.

5 Zuckererbsenschoten in kochendem Salzwasser kurz blanchieren und mit kaltem Wasser abschrecken.

6 Öl im Wok erhitzen. Die gesalzenen Tofuwürfel auf Küchenpapier trocknen, vorsichtig im Wok goldbraun braten, aus dem Öl holen und beiseitelegen.

7 Ingwer mit den geputzten, gewaschenen und in Scheiben geschnittenen Frühlingszwiebeln zum Öl in den Wok geben, kurz anbraten und nacheinander frische Austernpilze, vorbereitete Lilienblüten sowie Mu Err, Maiskolben, Strohpilze und Ginkgonüsse (beides gut abgetropft), gebratene Tofuwürfel sowie Glasnudeln hinzufügen, alles kurz braten und gut vermischen.

8 Die Saucenmischung zugießen, kurz aufkochen und gut mit den Zutaten im Wok vermischen. Erst zum Schluss die Zuckererbsen unterheben, damit deren grüne Farbe erhalten bleibt, und sofort auf Tellern anrichten.

Chinakohlröllchen
Bai Cai Juan

10 g getrocknete Shiitake
1 rote Gemüsepaprika
1 Karotte
12 Chinakohlblätter
3 frische Korianderpflänzchen
50 g Glasnudeln
2 Frühlingszwiebeln
6 EL erhitzbares Pflanzenöl, z. B. Erdnussöl
100 g Bohnensprossen
1 EL Speisestärke
2 EL helle Sojasauce

Zum Servieren:
frische Sauce (siehe Grundrezept Seite 25)

1 Shiitake in warmem Wasser ca. 30 Minuten einweichen, dann waschen und in Streifen schneiden.
2 Gemüse gründlich waschen, Paprika entkernen und Karotten schälen.
3 Chinakohlblätter und Koriander in kochendem Salzwasser kurz blanchieren, herausnehmen, in kaltem Wasser abschrecken, mit der Hand das Wasser ausdrücken und beiseitelegen.
4 Glasnudeln in Wasser einweichen, danach in kochendem Wasser eine Minute blanchieren, abtropfen lassen und in 1 cm lange Stücke schneiden.
5 Frühlingszwiebeln und Paprika sowie Karotten fein hacken.

6 Vier Esslöffel Öl im Wok erhitzen und die Frühlingszwiebeln darin anschwitzen. Nach und nach unter ständigem Rühren Shiitake, Karotten, Paprika und Bohnensprossen zugeben. Wenn alles gleichmäßig gegart ist, Glasnudeln und Sojasauce unterziehen, bis die Garflüssigkeit etwas eingekocht ist. Zum Schluss mit Speisestärke binden.
7 Von den Chinakohlblättern am besten nur den weichen Teil der Blätter benutzen, die Rippen wegschneiden. Auf die vorbereiteten Chinakohlblätter je einen Esslöffel von der gebratenen Füllung geben, einmal rollen, die obere und untere Spitze nach innen klappen, weiter rollen und mit einer Korianderstange zusammenbinden.
8 Restliches Öl im Wok erhitzen und die Chinakohlröllchen darin nacheinander von allen Seiten goldbraun anbraten. In die fertig gebratenen Röllchen Zahnstocher oder Partysticks stecken und mit der frischen Sauce servieren (siehe Abbildung links).

Süßsaurer Spitzkohl
Suan Tian Bao Cai

2 rote milde Spitzpaprikaschoten
300 g Spitzkohl (alternativ: Weißkohl)
2 EL helle Sojasauce
3 EL Reisessig
2 EL Zucker
2 EL Pflanzenöl
½ TL Sichuanpfefferkörner
Salz
½ TL Sesamöl
1 frischer Koriander

1 Gemüse gründlich waschen, Paprika längs halbieren, entkernen und in feine dünne Streifen schneiden. Vom Spitzkohl die dicken Rippen entfernen und die zarten Blätter in 3 cm breite Stücke schneiden.
2 Sojasauce, Essig und Zucker in einer Schüssel vermischen.
3 Pflanzenöl im Wok erhitzen und bei mittlerer Hitze die Sichuanpfeffer ca. eine halbe Minute anrösten. Spitzkohl unterrühren, salzen, und etwa zwei Minuten braten.
4 Vorgemischte Sauce und Paprikastreifen dazugeben, weiterbraten und nach etwa zwei Minuten mit Sesamöl beträufeln. Mit Korianderblättern dekorieren und servieren (siehe Abbildung rechts unten).

Gemüseteller mit Sojamilchhaut
Qin Cai ban Fu Zhu

50 g getrocknete Shiitake
200 g Fu Zhu in Stangenform
1 Karotte, 300 g Staudensellerie
2 EL Pflanzenöl
½ TL Sichuanpfefferkörner
1 TL frischer Ingwer, geschält und
   in feine Streifen geschnitten
1 Knoblauchzehe, geschält und fein gehackt
2 EL helle Sojasauce, Salz

1 Shiitake in warmem Wasser ca. 30 Minuten einweichen, dann waschen und in dünne Streifen schneiden.
2 Fu Zhu in einer großen Schüssel einweichen, evtl. zuvor einmal in der Mitte brechen. Fu Zhu danach in 1½ cm lange Stücke schneiden.
3 Gemüse gründlich waschen, Karotten und Ingwer schälen.
4 Staudensellerie und Karotten schräg in etwa 6 cm lange und ½ cm dünne Scheiben schneiden.
5 Einen Esslöffel Öl im Wok erhitzen. Die Pfefferkörner kurz frittieren und wieder herausnehmen.
6 Ingwer, Karotten und Sellerie nacheinander in den Wok geben. Kurz anbraten, salzen, schnell herausholen und auf Teller legen.
7 Einen weiteren Esslöffel Öl in den Wok geben und den gehackten Knoblauch darin anbraten, bis dieser duftet. Die Pilze zugeben, unterrühren und zwei Minuten braten. Dann Fu Zhu dazugeben, mit Sojasauce sowie Salz würzen und weitere drei Minuten braten. Alles aus dem Wok nehmen und über dem Gemüse verteilen, sodass am Rand noch das Gemüse zu sehen ist, dann servieren.

Tipp Dieses Gericht kann kalt und warm gegessen werden.

Knusprige Auberginentaschen
Su Zha Qie He

20 g getrocknete Shiitake
1 Aubergine (für ca. 8 – 10 Taschen)
1 Frühlingszwiebel
200 g vegetarisches Hack*, küchenfertig
1 EL Reiswein
8 EL Speisestärke
200 ml Wasser
200 g Weizenmehl, Type 405
1 TL Backpulver
1 Ei
1 EL Pflanzenöl
1 TL Sichuanpfefferpulver
Salz
1 TL Zucker
½ l Pflanzenöl zum Frittieren
2 EL Sesamsamen
frische Sauce (siehe Grundrezept Seite 25)

1 Shiitake in warmem Wasser 30 Minuten einweichen, danach waschen und abtropfen lassen.
2 Gemüse waschen, danach gut abtropfen lassen und trocknen.
3 Auberginen in 1 cm dicke Scheiben schneiden und so einschneiden, dass die Auberginenscheiben an einer Seite zusammenhalten.
4 Frühlingszwiebeln und die Shiitake fein hacken, mit vegetarischem Hack, Reiswein und vier Esslöffeln Speisestärke zu einer Füllung verarbeiten. Die Auberginenscheiben damit füllen.

5 Wasser, Mehl, Backpulver, Ei und einen Esslöffel Pflanzenöl in einem tiefen Teller zu einer dickflüssigen Teigmasse glatt rühren.
6 Sichuanpfeffer, Salz, Zucker und vier Esslöffel Speisestärke vermischen und in einen tiefen Teller geben.
7 Pflanzenöl im Wok so stark erhitzen, dass sich an einem eingetauchten sauberen Holzstäbchen kleine Bläschen bilden. Dann kann mit dem Frittieren begonnen werden.
8 Gefüllte Auberginenscheiben beidseitig zuerst in den Gewürzen wenden, dann durch die Teigmasse ziehen, zuletzt noch einige Sesamkörner aufstreuen. Taschen stückweise sofort ins heiße Öl geben, unter Wenden hellgelb frittieren, dann herausnehmen und das Fett abtropfen lassen.
9 Pflanzenöl erneut erhitzen und die frittierten Auberginentaschen nochmals portionsweise ins heiße Pflanzenöl geben und etwa eine halbe Minute goldbraun frittieren, herausnehmen und auf Küchenpapier abtropfen lassen. Mit der frischen Sauce servieren.

* Als Tofu- oder Seitanprodukte im Bioladen oder Reformhaus erhältlich.

Tipp Der zweite Frittiervorgang macht die Auberginentaschen noch knuspriger.

Gefüllte Bittermelonen
Ku Gua Xiang Su Rou

50 g getrocknete Shiitake
500 g Bittermelonen
4 EL Pflanzenöl
1 TL frischer Ingwer, geschält und fein gehackt
1 Frühlingszwiebel, fein gehackt
200 g vegetarisches Hack*, küchenfertig
1 EL Reiswein
3 EL Bohnenpaste
1 TL Sesamöl
Salz
1 EL Zucker
2 EL Speisestärke, in etwas Wasser angerührt
1 Ei

1 Shiitake in warmem Wasser ca. 30 Minuten einweichen lassen, dann waschen und fein hacken. Bittermelone waschen, gut abtrocknen und Blütenstiel abschneiden.
2 Am anderen Ende der Bittermelone ein Stück abschneiden, das später als Deckel dient. Mit einem Löffel die Kerne herauskratzen, bis die Melone vollständig ausgehöhlt ist.
3 Öl in einem Wok erhitzen, Ingwer und Frühlingszwiebeln darin braten. Shiitake und vegetarisches Hack dazugeben, unterrühren und kurz braten.
4 Mit Reiswein, Bohnenpaste, Sesamöl, Salz sowie Zucker würzen und mit Speisestärke binden. Die Masse in einer Schüssel kalt werden

lassen. In die abgekühlte Füllung ein Ei rühren und alles mit der Hand zu einer festen Masse vermischen, eventuell noch etwas Mehl oder Speisestärke zugeben.
5 Füllung dicht in die Melone füllen und leicht stopfen. Den Melonendeckel mithilfe von Zahnstochern befestigen und die gefüllten Bittermelonen in einen Teller legen.
6 Einen Dämpftopf mit ausreichend Wasser zum Kochen bringen. Die gefüllten Gemüse ca. 30 Minuten darin dämpfen. Abkühlen lassen, in ca. 1 cm dicke Scheiben schneiden und auf einer Platte anrichten (siehe Abbildung auf Seite 45 oben). In die Mitte eine kleine Schüssel mit Sauce stellen; sehr gut passt dazu die frische Sauce (siehe Grundrezept Seite 25).

* Als Tofu- oder Seitanprodukte im Bioladen oder Reformhaus erhältlich.

SUPPEN
Tang

Bei einem traditionellen chinesischen Essen darf die Suppe auf keinen Fall fehlen; sie wird jedoch erst nach dem Essen serviert, denn sie dient sozusagen als Abrundung eines guten Essens. In China gilt es sogar als unhöflich, die Suppe vor dem eigentlichen Essen zu servieren, weil man damit schon im Vorhinein „satt gemacht" wird und nicht mehr so viel isst. In Europa essen wir die Suppe als Vorspeise, im chinesischen Sprachgebrauch ist die Suppe ein Getränk.

Vier-Schätze-Suppe
Si Bao Tang

½ Karotte
30 g Zuckererbsenschoten
100 g Seitan
200 g Austernpilze
1 EL Pflanzenöl
1 TL frischer Ingwer, geschält und fein gehackt
200 g Sojabohnensprossen
  (alternativ: Mungobohnensprossen)
1 l Wasser
2 EL vegetarische Austernsauce
Salz
1 Prise weißer Pfeffer, gemahlen
½ TL Sesamöl

1 Karotten waschen, schälen und in runde Scheiben schneiden.
2 Zuckererbsenschoten in kochendem Salzwasser kurz blanchieren und mit kaltem Wasser abschrecken.
3 Seitan in ½ cm dicke Scheiben schneiden, Austernpilze mit Küchenpapier säubern und halbieren.
4 Öl im Wok erhitzen und den Ingwer darin anschwitzen. Karottenscheiben, Austernpilze und Seitan zugeben und kurz anbraten. Wasser angießen und alles zum Kochen bringen.
5 Bohnensprossen, Austernsauce, Salz, weißen Pfeffer und Sesamöl hinzufügen und nochmals kurz aufkochen. Zum Schluss die Zuckererbsenschoten zugeben, kurz erwärmen, sofort in Suppenschüsseln verteilen und heiß servieren (siehe Abbildung rechts unten).

Sauer-scharfe Pekingsuppe
Beijing Suan La Tang

10 g getrocknete Mu Err
30 g Bambussprossenstreifen
½ Karotte, geschält
50 g Tofu
100 g Goldnadelpilze
1 Ei
1 l Wasser
1 EL Reiswein
2 EL helle Sojasauce
2 EL Speisestärke
2 EL Pflanzenöl
½ TL weißer Pfeffer, gemahlen
4 EL Reisessig
½ TL Sesamöl
Salz

1 Mu Err in warmem Wasser 30 Minuten einweichen, danach gründlich waschen und abtropfen lassen. Die Pilze in feine Streifen schneiden. Bambussprossenstreifen und Karotte ebenfalls in dünne Streifen schneiden, Tofu klein würfeln.
2 Goldnadelpilze rasch waschen, mit Küchenpapier trocknen und den Wurzelansatz wegschneiden. Dann die Pilze auf halber Länge durchschneiden und vereinzeln.
3 Ei in einer Schüssel verquirlen. Reiswein, Sojasauce und angerührte Speisestärke in einer separaten Schüssel glatt rühren.
4 Öl im Wok erhitzen, Pilze, Gemüse und Tofu eine Minute anbraten, Wasser zugießen und zum Kochen bringen. Mit der angerührten Reiswein-sauce binden.
5 Mit Pfeffer, Reisessig, Sesamöl und Salz würzen. Das verquirlte Ei so vom Schneebesen hineintropfen lassen, dass es Fäden bildet; sofort servieren.

Suppe mit bunten Päckchen
Xiao Bao Guo Tang

50 g getrocknete Shiitake
2 Karotten
100 g Knollensellerie
200 g Seitan
20 g getrocknete Korianderstängel
  (alternativ: blanchiertes Frühlingszwiebelgrün)
1 Stange Staudensellerie
1 EL Pflanzenöl
1 TL frischer Ingwer, geschält und fein gehackt
2 EL Hoisinsauce
1½ l Wasser
Salz

1 Shiitake in warmem Wasser 30 Minuten einweichen, danach waschen und halbieren. Karotten und Knollensellerie schälen. Zusammen mit dem Seitan jeweils in 4 cm lange und ½ cm dicke Scheiben schneiden.
2 Korianderstängel 20 Minuten in warmem Wasser einweichen.
3 Staudensellerie waschen und in feinste Scheiben schneiden.
4 Jeweils kleine Päckchen mit je einem Karottenstück, einem Selleriestück und einer Shiitakehälfte machen und mithilfe des Korianderstängels zusammenbinden.
5 Öl im Wok erhitzen, Ingwer darin anbraten und Hoisinsauce dazugeben. Mit Wasser aufgießen und alles zum Kochen bringen. Danach die Päckchen einlegen und 20 Minuten lang köcheln. Zum Schluss mit Salz abschmecken und in Suppenschalen mit Staudensellerie garniert servieren.

Gemüsesuppe mit Kokosmilch
Ye Nai Cai Tang

2 Frühlingszwiebeln
300 g Chinakohl
2 Stängel frischer Koriander
50 g Esskastanien/Maronen, vorgegart
  (vakuumiert oder aus dem Glas)
1 Orange
1 EL Pflanzenöl
6 Knoblauchzehen, geschält und fein gehackt
1 TL frischer Ingwer, geschält und in feine
  Streifen geschnitten
Salz, 1 TL Sesampaste
200 g Bohnensprossen
350 ml Kokosmilch
1 l Wasser
1 Prise weißer Pfeffer, gemahlen

1 Gemüse waschen und abtropfen lassen. Frühlingszwiebeln mit Grün in dünne Ringe schneiden, Chinakohlblätter in etwa 3 cm große Stücke schneiden.
2 Korianderblätter abzupfen und beiseitelegen. Esskastanien in 1 cm große Würfel schneiden. Orange schälen und filetieren, Filets halbieren, den Saft auffangen und für später aufheben.
3 Öl im Wok erhitzen. Knoblauch, Ingwer und Frühlingszwiebeln darin anbraten, bis sie duften.
4 Chinakohl zugeben, braten, wenig salzen und Sesampaste unterrühren. Mit den Kastanienwürfeln und Bohnensprossen etwa zwei Minuten weiterbraten.
5 Wasser zugießen und die Suppe etwa zehn Minuten köcheln.
6 Kokosmilch hinzufügen, mit Pfeffer und Salz würzen und Orangensaft einrühren. Suppe in Schälchen füllen und obenauf mit Orangenfilets und Korianderblättern garnieren (siehe Abbildung Seite 51 oben).

Pilzsuppe mit Tofuwürfeln
Mo Gu Dou Fu Tang

50 g getrocknete Lilienblüten
30 g getrocknete Shiitake
100 g Champignons
100 g Goldnadelpilze
200 g Tofu
1 Frühlingszwiebel
30 g frische Korianderblätter
2 EL Pflanzenöl
1,2 l Wasser
1 EL vegetarische Austernsauce
1 Prise weißer Pfeffer, gemahlen
Salz
2 EL helle Sojasauce
2 EL Speisestärke

1 Lilienblüten und Shiitake getrennt in warmem Wasser jeweils ca. 30 Minuten einweichen, danach gründlich waschen und die Shiitake vierteln.
2 Champignons mit Küchenpapier säubern und halbieren. Goldnadelpilze rasch waschen, mit Küchenpapier trocknen, den Wurzelansatz wegschneiden und die Pilze vereinzeln.
3 Tofu klein würfeln, Frühlingszwiebel putzen und fein schneiden. Korianderblätter waschen und vorsichtig abtrocknen.
4 Öl im Wok erhitzen und nacheinander Frühlingszwiebel, Shiitake und Champignons zugeben. Unter Rühren etwa zwei Minuten anbraten, vorsichtig den Tofu unterheben und weiterrühren.
5 Wasser zugießen und alles zum Kochen bringen. Nacheinander Lilienblüten und Goldnadelpilze in die Suppe geben und mit Austernsauce, Pfeffer und Salz würzen.
6 Sojasauce mit Speisestärke glattrühren, zur Suppe geben und kurz aufkochen. Die fertige Suppe in Suppenschalen füllen und mit Korianderblättern garnieren.

Sauerkohlsuppe mit gefrorenem Tofu
Suan Cai Dong Dou Fu Tang

200 g Chinakohl, 50 g Frühlingszwiebel
50 g Zwiebeln, 400 g gefrorener Tofu, aufgetaut*
200 g frische Shiitake (alternativ: Austernpilze)
2 EL Pflanzenöl
1 TL frischer Ingwer, geschält und in dünne
  Blättchen geschnitten
1½ l Wasser
200 g sauer eingelegter Chinakohl
  (selbst eingelegt, siehe Grundrezept Seite 27;
  alternativ: fertig aus Dose oder Glas)
3 EL helle Sojasauce
1 Prise weißer Pfeffer, gemahlen
Salz, 1 TL Zucker,
1 TL Sesamöl

1 Chinakohlblätter waschen und in ca. 3 cm große Stücke schneiden. Frühlingszwiebel waschen und in feine Ringe schneiden. Zwiebel schälen und in große Stücke schneiden. Tofu in große Würfel teilen.
2 Shiitake mit einem scharfen Messer dreimal so einritzen, dass ein Sternenkreuz auf dem Pilzhut entsteht.
3 Öl in einem Topf erhitzen, Ingwer darin anbraten und Wasser zugießen. Chinakohl, Zwiebeln, Tofu, Pilze und Saft des sauer eingelegten Chinakohls dazugeben und zehn Minuten bei mittlerer Hitze kochen.
4 Dann den eingelegten Chinakohl und die Sojasauce unterrühren, mit Pfeffer, Salz, Zucker sowie Sesamöl würzen und zuletzt mit Frühlingszwiebelringen garnieren.

* Durch den Gefriervorgang bekommt der Tofu eine löchrige Struktur. So kann er den Geschmack von Gewürzen, Saucen etc. noch besser aufnehmen.

Seetangsuppe mit weißen Wolken
Zi Cai Bai Luo Bo Tang

¼ Bund Schnittlauch
½ weißer Rettich
1 TL frischer Ingwer, geschält und
  in feine Streifen geschnitten
200 g Seidentofu
10 g getrocknete Nori-Seetangblätter*
1 EL Pflanzenöl, 1 l Wasser
2 EL helle Sojasauce
1 EL Hoisinsauce,
1 EL Reiswein
1 TL Zucker, Salz

1 Schnittlauch fein schneiden, Gemüse waschen und abtropfen lassen. Rettich schälen und sehr fein, fast musig, raspeln.
2 Tofu in 1 cm kleine Würfelchen schneiden. Noriblätter mit einer Schere streifig schneiden.
3 Pflanzenöl im Wok erhitzen, Ingwer kurz darin anbraten und wieder herausnehmen. Wok mit dem Wasser auffüllen und dieses zum Kochen bringen.
4 Tofuwürfel in den Wok geben und eine Minute kochen, in dieser Zeit mit Soja- und Hoisinsauce, Reiswein, Zucker sowie Salz würzen.
5 Wok vom Herd nehmen, Seetangstreifen und Schnittlauchröllchen in die Suppe streuen. Vor dem Servieren die „weißen Wolken" (den Rettich) so dazugeben, dass sie auf der Suppe schwimmen. Nach Geschmack mit feingeschnittenen Rettichstreifen, die kurz fritiert wurden, dekorieren (siehe Abbildung links unten).

* Diese vorgerösteten Seetangblätter werden auch für Sushi-Rollen verwendet. Sie sind in jedem Asialaden erhältlich und teilweise auch in den Feinkostabteilungen der Supermärkte zu finden.

Süßkartoffelsuppe mit Wasserspinat
Kong Xin Cai Tang

300 g Wasserspinat
300 g Süßkartoffeln
50 g Knoblauchzehen, geschält und
  grob zerdrückt
2 EL Pflanzenöl, 1½ l Wasser
1 Prise weißer Pfeffer, gemahlen
Salz

1 Wasserspinat waschen und in 2 cm lange Stücke schneiden. Süßkartoffeln schälen und klein würfeln.
2 Öl in einem Topf erhitzen, Knoblauch darin braten, bis er duftet, dann herausholen und beiseite legen. Wasser zugießen und mit den Süßkartoffelwürfeln zum Kochen bringen. Bei mittlerer Hitze ca. 20 Minuten lang sanft köcheln.
3 Die Suppe mit Pfeffer und Salz würzen. Drei Minuten vor Ende der Garzeit den Wasserspinat unterrühren. In Suppenschalen mit gebratenem Knoblauch garniert servieren (siehe Abbildung links oben).

Tipp Süßkartoffeln und Wasserspinat sind in der traditionellen chinesischen Medizin als entgiftende Pflanzen bekannt. Vor allem die Schale der Süßkartoffeln hat diese Wirkung. Da die Schale jedoch sehr hart ist, passt dies nicht zu jedem Gericht. Ungeschälte Süßkartoffeln werden daher z. B. als Snack in Form von gerösteten Scheiben angeboten.

SCHNELL ZUBEREITETE GERICHTE
Kuai Chao Xiao Cai

Dass schnell auch lecker sein kann, dafür sind viele Rezepte aus China das beste Beispiel. Statt 20 Minuten auf den Pizzaservice zu warten, kann jeder ganz einfach und in kürzester Zeit etwas selbst in der Küche zubereiten. Das schont nicht nur den Geldbeutel, sondern ist außerdem noch gut für die Gesundheit.

Paprika mit Pinienkernen
Cai Jiao Song Ren

Zubereitungszeit 15 Minuten

je 1 rote und grüne Gemüsepaprika
2 EL Pflanzenöl
40 g Pinienkerne
3 Knoblauchzehen, geschält und fein gehackt
200 g Maiskörner, vorgegart (aus Dose oder Glas)
2 EL helle Sojasauce
1 EL Reisessig
Salz
1 EL Speisestärke

1 Gemüsepaprika waschen, halbieren, entkernen und in ca. 1½ cm große Stücke schneiden.
2 Einen Esslöffel Öl im Wok erhitzen. Bei schwacher Hitze die Pinienkerne anbraten, bis sie goldgelb sind, herausnehmen, auf Küchenpapier auslegen und das Öl abtupfen.
3 Einen weiteren Esslöffel Öl in den Wok gießen und den Knoblauch darin braten. Dann die Paprikastücke dazugeben und so lange braten, bis sie am Rand weich aussehen.
4 Mais, Sojasauce, Essig und etwas Salz hinzufügen und ca. eine Minute unter Rühren weiterbraten.
5 Anschließend das Ganze mit der in kaltem Wasser aufgelösten Speisestärke binden, gut vermischen und zum Schluss die Pinienkerne darüberstreuen.

Braune Champignons auf chinesische Art
You Cu Xian Gu

Zubereitungszeit 15 Minuten

400 g braune Champignons
1 frischer Koriander mit Wurzel
2 EL Pflanzenöl
3 Knoblauchzehen, geschält und fein gehackt
1 EL heller Reisessig
2 EL Wasser
Salz

1 Champignons mit Küchenpapier säubern und mit Stiel vierteln.
2 Koriander waschen, Wurzel entfernen und das Kraut sehr fein hacken.
3 Öl im Wok erhitzen und Knoblauch darin anbraten, bis er duftet. Champignons dazugeben und bei mittlerer Hitze weiterbraten, bis sie gar sind.
4 Den mit Wasser vermischten Essig und das Salz gut unterrühren. Mit Koriander bestreuen, sofort den Wok vom Herd nehmen und das Gericht servieren.

Würziger Tofuteller
Ma Po Dou Fu

Zubereitungszeit 15 Minuten

200 g Tofu
150 g Erbsen, frisch oder TK-Ware
2 EL Speisestärke
1 EL Pflanzenöl
½ TL Sichuanpfefferkörner
2 EL scharfe Bohnenpaste
1 TL frischer Ingwer, geschält und fein gehackt
1 EL dunkle Sojasauce
6 EL Wasser
1 rote Chilischote, in feine Ringe geschnitten
Salz

1 Tofu in ca. 1 cm große Würfel schneiden.
Frische Erbsen aus der Hülse lösen. Gefrorene
Erbsen in Wasser einweichen lassen, herausholen
und abtropfen.
2 Speisestärke in etwas Wasser auflösen und
beiseitestellen.
2 Öl im Wok erhitzen. Pfefferkörner darin dun-
kelbraun frittieren und wieder herausfischen.
Nach Geschmack und Schärfe können diese später wieder hinzugefügt werden.
3 Scharfe Bohnenpaste im Öl mit dem Ingwer
anbraten, mit Sojasauce und Wasser ablöschen.
4 Tofu und Erbsen dazugeben und in der Sauce
fünf Minuten bei mittlerer Hitze kochen. Ganz
zum Schluss die beiseite gestellte Speisestärke
unterrühren.
5 Jede Portion mit drei Chiliringen garnieren
und servieren. Die restlichen Chiliringe separat
auf einem Schälchen dazu reichen.

Grüner Spargel mit frischen Shiitake
Lu Sun Chao Xian Gu

Zubereitungszeit 20 Minuten

300 g grüner Spargel
100 g frische Shiitake
6 Cocktail- oder Oliventomaten
3 Knoblauchzehen
1 EL Pflanzenöl
1 EL schwarze Bohnen
Salz
1 TL Zucker
1 EL helle Sojasauce

1 Den Spargel jeweils am unteren Drittel schälen und in ca. 5 cm lange Stücke schneiden.
2 Pilze mit Küchenpapier abreiben und in Scheiben schneiden. Cocktailtomaten waschen und
Stielansatz entfernen. Die Tomaten halbieren.
Knoblauch schälen und feinblättrig schneiden.
3 Öl im Wok erhitzen und den Knoblauch darin
anbraten. Pilze und schwarze Bohnen hinzugeben und mitbraten.
4 Mit den Spargelstücken zwei Minuten weiterbraten und mit Salz, Zucker und Sojasauce
würzen. Tomatenhälften rasch untermischen
und sofort servieren.

Grüne Bohnen mit Cashewkernen
Gong Bao Si Ji Dou

Zubereitungszeit 20 Minuten

300 g grüne Bohnen
1 Schalotte
5 Knoblauchzehen
1 EL Pflanzenöl
1 Sternanis
3 – 5 getrocknete Chilischoten, zerbröselt
  (je nach Schärfe)
Salz
1 EL dunkle Sojasauce
1 EL helle Sojasauce
1 TL Zucker
20 g Cashewkerne, ohne Fett geröstet

1 Bohnen waschen, an den Enden oben und unten kappen. Bohnen dünn in 3 cm lange, schräge Stücke schneiden. Schalotte in 1 cm breite Streifen, Knoblauch in Scheiben schneiden.
2 Öl im Wok erhitzen. Sternanis, Knoblauch und Chilischoten zwei Minuten darin anbraten, Bohnen dazugeben und schnell unterrühren.
3 Zwiebeln in den Wok geben und mit Salz, Sojasauce und Zucker würzen. Cashewkerne unterheben und rasch servieren (siehe Abbildung links).

Bohnensprossen mit grünem Paprika
Dou Ja Chao Qing Jiao

Zubereitungszeit 15 Minuten

300 g Bohnensprossen
1 grüne Gemüsepaprika
2 EL Pflanzenöl
1 TL frische Ingwer, geschält und fein gehackt
Salz
1 EL Reisessig
1 EL Reiswein
1 EL helle Sojasauce
3 EL vegetarische Austernsauce

1 Bohnensprossen waschen und abtropfen lassen. Paprika waschen, halbieren und entkernen. Eine Paprikahälfte in dünne Streifen schneiden, die andere Hälfte anderweitig verwenden.
2 Öl im Wok erhitzen und Ingwer darin anbraten. Bohnensprossen und Paprikastreifen dazugeben und eine Minute schnell rühren. Dann mit Salz, Reisessig, Reiswein, Sojasauce und vegetarischer Austernsauce würzen. Sofort vom Herd nehmen und servieren.

Gebratener Blütenkohl
Qing Chao Cai Xin

Zubereitungszeit 20 Minuten

300 g chinesischer Blütenkohl
5 Knoblauchzehen, geschält und fein gehackt
1 TL Chiliöl (siehe Grundrezept Seite 26)
2 EL vegetarische Austernsauce
1 EL Speisestärke
3 EL Wasser
2 EL Pflanzenöl
Salz
1 TL Reisessig

1 Blütenkohl waschen, äußere Blätter entfernen, Wurzel wegschneiden und den ganzen Blütenkohl halbieren. Die Größe der Stücke nach Belieben von Hand kürzen.
2 Chiliöl, Austernsauce und Speisestärke mit Wasser vermischen und beiseitestellen.
3 Öl im Wok erhitzen. Den Knoblauch darin braten, bis er duftet. Dann den Blütenkohl dazugeben und bei starker Hitze unter ständigem Rühren drei Minuten weiterbraten.
4 Salz, Reisessig und die beiseitegestellte Austernsaucenmischung dazugeben, gut vermischen und sofort servieren (siehe Abbildung rechts).

Knackige Kartoffelstreifen
Chao Tu Dou Si

Zubereitungszeit 20 Minuten

300 g Speisekartoffeln, festkochend
je 1 rote und grüne Chilischote
2 EL Pflanzenöl
½ TL Sichuanpfefferkörner
1 TL frischer Ingwer, geschält und
  in feine Streifen geschnitten
5 EL Reisessig
Salz
2 EL helle Sojasauce

1 Kartoffeln schälen und in streichholzfeine Streifen schneiden. Die Kartoffeln zu raspeln ist keine Alternative, weil sie sonst nicht bissfest bleiben. Kartoffelstreifen in einem Sieb mehrere Male unter Wasser abspülen, dann die Streifen in eine Schüssel mit kaltem Wasser legen, um die Kartoffelstärke zu entfernen. Vor der Weiterverarbeitung in einem Sieb gut abtropfen lassen.
2 Von den Chilischoten den Stiel entfernen, Chilis halbieren, entkernen und in feine, dünne Streifen schneiden.
3 Öl im Wok erhitzen und Sichuanpfeffer kurz darin anrösten, nach Belieben herausnehmen oder im Wok belassen. Ingwer- und Chilistreifen dazugeben und unter Rühren eine Minute braten.
5 Abgetropfte Kartoffelstreifen hinzufügen und bei starker Hitze schnell unterrühren. Mit Essig ablöschen und drei Minuten weiterbraten, bis sie gar sind.
6 Abschließend mit Salz und Sojasauce würzen, schnell verrühren und sofort vom Herd nehmen.

Partytofu
Ru Yi Dou Fu

Partytofu ist für kleine Feste oder als Salat zum Mitnehmen zu einem Picknick oder ins Büro geeignet. Er kann warm oder kalt gegessen werden und ist so gewürzt, dass auch diejenigen, die keinen Tofu mögen, diese Variante lecker finden.

Zubereitungszeit 20 Minuten

400 g Tofu
400 g Bohnensprossen
1 rote Gemüsepaprika
1 frische Korianderpflanze mit Wurzel
50 ml Pflanzenöl zum Frittieren
1 TL Fünfgewürzepulver
1 EL Zucker
2 EL dunkle Sojasauce
2 EL Chilisauce aus Gui Lin
1 EL Pflanzenöl
1 – 2 TL frischer Ingwer, geschält und in dünne Scheiben geschnitten
Salz
2 EL helle Sojasauce
1 EL Reisessig
½ TL Sesamöl

1 Tofu in streichholzschachtelgroße, 1 cm dicke Scheiben schneiden. Von beiden Seiten leicht salzen und 10 Minuten ziehen lassen.

2 Gemüse waschen und Bohnensprossen gut abtropfen lassen. Paprika halbieren, entkernen und eine Hälfte in feine dünne Streifen schneiden; die andere Hälfte anderweitig verwenden.

3 Die Wurzel vom Koriander entfernen und das Kraut in ca. 2 cm lange Stücke schneiden.

4 Öl in einer tiefen Pfanne erhitzen. Tofu darin beidseitig goldgelb braten und auf Küchenpapier zum Abtropfen auslegen. Übriges Öl in ein separates Gefäß abgießen.

5 Tofu erneut in den Wok geben. Fünfgewürzepulver, Zucker, dunkle Sojasauce und Chilisauce mit etwas Wasser mischen und dazugießen. Kurz kochen, bis der Tofu den Geschmack aufgenommen hat, dann alles auf einen Teller geben und beiseitestellen.

6 Frisches Öl in die Pfanne geben und den Ingwer darin braten. Paprikastreifen sowie Bohnensprossen dazugeben und unter Rühren zwei Minuten weiterbraten.

7 Mit Salz, heller Sojasauce, Essig und Sesamöl würzen. Beiseitegestellten Tofu und frischen Koriander untermischen und den Partytofu auf einem flachen Teller anrichten.

HAUPTGERICHTE
Su Shi Zhu Cai

Das Essen in China ist hauptsächlich eine kommunikative Angelegenheit. In der Regel gelangen alle Gerichte eines Festmahls in einem Zug auf den Tisch (ein traditionelles Festmahl für vier bis acht Personen kann z. B. aus vier Vorspeisen, sechs bis acht Hauptgängen und einer Suppe bestehen), sodass man sich beim Essen ohne Unterbrechung den Gesprächen widmen kann. Die zeitliche Speisenfolge nach europäischer Vorstellung gibt es bei dem traditionellen chinesischen Essen nicht. Dennoch gilt auch hier, mit der Hauptspeise einen Steigerungseffekt zu erzielen, diese Gerichte bilden den Höhepunkt der kulinarischen Erwartung. Auf die harmonische Ausgewogenheit der Zutaten wird geachtet und es wird viel Wert auf das Aussehen der Speisen gelegt.

Vegetarisches Gong Bao
Gong Bao Shu Ding

Ein sehr traditionelles Rezept aus Sichuan, das nach einem Provinzgouverneur benannt wurde, der zu Zeiten der Qing-Dynastie regierte. Diese Dynastie löste die Ming-Dynastie ab und dauerte von 1644 bis 1911 – sie war die letzte kaiserliche Regierung vor Ausruf der Republik.

50 g getrocknete Mu Err
150 g Erdnüsse, 1 Karotte
1 kleine Kartoffel
100 g Wasserkastanien
150 g Champignons
2 EL Speisestärke
1 EL Reiswein, 1 EL Bohnenpaste
1 EL Tomatenmark
1 EL Chilisauce aus Gui Lin
1 TL Zucker
1 EL Reisessig
1 TL Sesamöl
2 EL Pflanzenöl
5 Knoblauchzehen, geschält und fein gehackt
Salz
1 EL Maiskörner, vorgegart (aus Dose oder Glas)
1 EL Erbsen

1 Mu Err und Erdnüsse getrennt 20 Minuten in warmem Wasser einweichen. In der Zwischenzeit Karotten und Kartoffeln schälen, zusammen mit den Wasserkastanien in 1 cm kleine Würfel schneiden. Champignons waschen und ebenfalls würfeln.
2 Mu Err gründlich abwaschen und klein schneiden, die Erdnüsse in einem Sieb abtropfen lassen und auf einem Küchenpapier ausbreiten.
3 Speisestärke in einer Schüssel mit etwas Wasser glattrühren. Reiswein, Bohnenpaste, Tomatenmark, Chilisauce, Zucker, Reisessig und Sesamöl eventuell mit etwas Wasser zu einer Sauce verrühren.
4 Einen Esslöffel Öl im Wok erhitzen. Erdnüsse hineingeben, die Temperatur etwas reduzieren und bei schwacher Hitze die Erdnüsse unter Rühren goldgelb werden lassen. Dann schnell herausnehmen und beiseitestellen.
5 Einen weiteren Esslöffel Öl im Wok stark erhitzen. Unter Rühren zuerst den Knoblauch, dann die in Würfel geschnittenen Pilze und Gemüse darin anbraten und mit der angerührten Sauce würzen, nach Belieben salzen.
6 Zum Schluss Mais sowie Erbsen gut untermischen und erhitzen. Mit Erdnüssen bestreut servieren.

Löwenkopftopf
Hong Shao Shi Zi Tou

Eines der berühmtesten Rezepte der chinesischen Kochtradition: Die frittierten Tofubälle, umgeben von Chinakohl, werden wegen ihres prächtigen Aussehens Löwenköpfe genannt.

60 g getrocknete Shiitake
100 g Kartoffeln, mehlig kochend
2 Frühlingszwiebeln
2 Stängel frischer Koriander
100 g Wasserkastanien
100 g Seitan
500 g Chinakohlblätter
50 g Speisestärke
½ TL Fünfgewürzepulver
½ TL schwarzer Pfeffer, gemahlen
Salz
400 g Tofu, zerdrückt
500 ml Pflanzenöl zum Frittieren
1–2 TL frischer Ingwer, geschält und fein gehackt
1 EL Reiswein
2 EL helle Sojasauce
2 EL vegetarische Austernsauce
2 EL Speisestärke
Salz
½ TL Sesamöl

1 Shiitake in warmem Wasser ca. 30 Minuten einweichen lassen, das Einweichwasser abseihen und für später beiseitestellen, die Pilze unter fließendem Wasser gründlich waschen.
2 Kartoffeln weich kochen, danach pellen und zerdrücken.
3 Kräuter und Gemüse waschen und abtropfen lassen. Frühlingszwiebeln, Koriander, Wasserkastanien und Seitan fein hacken. Chinakohlblätter in 4 cm große Stücke schneiden.
4 Speisestärke mit Fünfgewürzepulver, Pfeffer und Salz vermischen. Mit Kartoffeln, Tofu und Frühlingszwiebeln zu einer Masse verkneten.
5 Öl im Wok erhitzen. Mit gefetteten Händen walnussgroße Kugeln aus der Masse formen und bei starker Hitze im Öl goldbraun frittieren, danach herausnehmen und auf Küchenpapier abtropfen lassen.
6 Öl bis auf einen dünnen Film aus dem Wok abgießen. Ingwer und Pilze darin anbraten, Chinakohl unter Rühren dazugeben und mit Reiswein, Sojasauce und Austernsauce würzen.
7 Pilzwasser und – falls nötig – noch so viel Wasser zugießen, dass nach zehn Minuten Weiterköcheln noch Flüssigkeit vorhanden ist. Speisestärke, Salz und Sesamöl mit Wasser mischen, zum Schluss einrühren und das Gericht noch eine Minute zu Ende kochen.
8 Kugeln darüberverteilen und servieren.

Seitangemüse in Ananas
Bo Luo Mian Jin

je ½ rote und grüne Gemüsepaprika

100 g Wasserkastanien

1 große Ananas

150 g Seitan

1 TL weiße Sesamsamen

100 ml Pflanzenöl zum Frittieren

50 g Speisestärke

1 Knoblauchzehe, geschält und fein gehackt

1 – 2 TL frischer Ingwer, geschält und fein gehackt

2 EL helle Sojasauce

2 EL Weißwein

1 EL Zucker

1 EL Aprikosenmarmelade

Salz

200 ml Wasser

1 EL Schnittlauch, fein geschnitten

1 Gemüse waschen, Paprikahälften entkernen und in 1 – 2 cm große Stücke schneiden. Wasserkastanien in erbsengroße Würfel schneiden.

2 Ananas evtl. mit Grün längs in ein ⅓- und ⅔-großes Ananasstück teilen. Ananasfleisch so auslösen, dass die Schale des größeren Stücks unversehrt bleibt und das Fruchtfleisch vom inneren holzigen Teil getrennt ist. Ananasfleisch in 1 – 2 cm große Würfel schneiden.

3 Seitan in ca. 2 cm lange Stäbchen schneiden

4 Wok bei starker Hitze für etwa drei Minuten heiß werden lassen. Sesam kurz darin anrösten, schnell herausholen und beiseitestellen.

5 Öl im Wok erhitzen. Seitanstäbchen – je nach Geschick mithilfe von Essstäbchen oder einer kleinen Zange – in Speisestärke wenden und portionsweise im Wok goldgelb frittieren, dann auf Küchenpapier zum Abtropfen auslegen.

6 Öl bis auf einen dünnen Film aus dem Wok gießen, Knoblauch und Ingwer im Wok anbraten. Paprika, Ananas und Wasserkastanien dazugeben und zwei bis drei Minuten weiterbraten. Sojasauce, Wein, Zucker, Aprikosenmarmelade, Salz und Wasser hinzufügen und unter Rühren zum Kochen bringen.

7 Seitan darin eine Minute erhitzen und das Gegarte in den größeren Teil der ausgehöhlten Ananas umfüllen. Zum Schluss mit gerösteten Sesamsamen und Schnittlauchröllchen bestreuen.

Gefüllte Auberginen
Kao Qie Zi Juan

½ rote Gemüsepaprika
1 Schalotte
200 g grüner Spargel
2 Auberginen
Salz
200 g Goldnadelpilze
3 EL Pflanzenöl
2 EL flüssiger Honig
4 EL Pflaumensauce

1 Gemüse waschen, Paprikahälfte entkernen und zusammen mit der Schalotte in dünne Streifen bzw. Scheiben schneiden.
2 Spargel unten evtl. etwas kürzen, das untere Drittel schälen. Spargel in etwa 10 cm lange Stücke schneiden und diese der Länge nach halbieren.
3 Auberginen längs in dünne Scheiben schneiden und mit Salz bestreuen. Den Backofen auf 200 °C vorheizen.
4 Goldnadelpilze mit Küchenpapier säubern, Wurzeln wegschneiden und Pilze vereinzeln.
5 Öl in einer Pfanne erhitzen. Auberginenscheiben darin flach auslegen und beidseitig braten, bis sie goldgelb sind. Aus der Pfanne nehmen auf einem flachen Teller auslegen. Mit dem zubereiteten Gemüse und den Goldnadelpilzen belegen und der Länge nach aufrollen. Die Auberginenrollen auf ein mit Backpapier ausgelegtes Backblech setzen und mit Honig bestreichen.
6 Das Blech mit den Auberginenrollen im vorgeheizten Backofen auf der mittleren Schiene ca. fünf Minuten backen, bis die Auberginen eine goldbraune Farbe angenommen haben.
7 Auberginenrollen auf einer Platte anrichten, mit Pflaumensauce beträufeln und sofort servieren.

Walnüsse in Fu Zhu
Tao Ren Fu Zhu

100 g Fu Zhu in Stangenform
½ rote Gemüsepaprika
50 g Champignons
50 g Walnüsse, geschält
3 EL Pflanzenöl
1 TL frischer Ingwer,
  geschält und fein gehackt
50 g Bambussprossenscheiben
100 g Erbsen, frisch oder TK-Ware
1 EL Reiswein
2 EL helle Sojasauce
1 TL Zucker
Salz
½ TL Sesamöl

1 Fu Zhu 20 – 30 Minuten in warmem Wasser einweichen. Danach aus dem Wasser nehmen und in 1½ cm lange Stücke schneiden.
2 Paprikahälfte waschen, entkernen und in 1½ cm große Stücke schneiden. Die Champignons putzen, evtl. mit Küchenpapier säubern und in 2 cm große Stücke schneiden.
3 Walnüsse in kochendem Wasser eine Minute blanchieren, herausnehmen, abtropfen lassen und die Haut entfernen.
4 Öl im Wok erhitzen und die Walnüsse darin goldgelb anbraten, herausholen und auf Küchenpapier bereitlegen. Ingwer im Wok anbraten, Champignons, Bambussprossen und Fu Zhu dazugeben und unter ständigem Rühren etwa drei Minuten weiterbraten.
5 Paprika und Erbsen in den Wok geben. Mit Reiswein, Sojasauce, Zucker und Salz würzen und eine Minute weitergaren.
6 Walnüsse untermischen und das Gericht vor dem Servieren mit Sesamöl beträufeln.

Buntes Gemüse mit Glasnudeln
Su Chao Fen Si

140 g Glasnudeln
30 g getrocknete Shiitake
je ½ rote und gelbe Gemüsepaprika
2 Frühlingszwiebeln
100 g grüner Spargel
½ Karotte
2 EL Pflanzenöl
1 EL helle Sojasauce
1 TL dunkle Sojasauce
1 EL Chilisauce aus Gui Lin
Salz
1 EL Schnittlauch, fein geschnitten

1 Glasnudeln 20 Minuten in warmem Wasser einweichen, herausnehmen, abtropfen lassen und nach Belieben ein paarmal durchschneiden. Shiitake in warmem Wasser 30 Minuten einweichen, Einweichwasser abseihen und aufbewahren, Pilze unter fließendem Wasser gründlich waschen und in feine Streifen schneiden.
2 Gemüse waschen und abtropfen lassen. Paprikahälften entkernen und zusammen mit den Frühlingszwiebeln in sehr dünne Streifen schneiden.
3 Spargel am unteren Drittel etwas schälen, Karotte schälen und beides in feine Streifen schneiden.
4 Öl im Wok erhitzen und Frühlingszwiebeln darin anbraten. Unter Rühren nach und nach Pilze, Karotten-, Paprika- und Spargelstreifen in den Wok geben und etwa drei Minuten weiterbraten.
5 Glasnudeln und Pilzwasser hinzugeben, mit Sojasauce, Chilisauce und Salz würzen und unter Rühren noch ca. eine Minute weiterbraten.
6 Das Gericht mit Schnittlauchröllchen garniert servieren.

Auberginen in vegetarischer Austernsauce
Hao You Qie Zi

200 g Seitan, 1 rote Chilischote
1 Frühlingszwiebel
300 g Auberginen
300 ml Pflanzenöl zum Frittieren
3 EL Speisestärke
6 Knoblauchzehen, geschält und fein gehackt
1 TL frischer Ingwer, geschält und fein gehackt
150 ml Wasser, 2 EL Reiswein
1 EL Reisessig
1 EL Chilisauce aus Gui Lin
2 EL vegetarische Austernsauce
½ TL Zucker, Salz
1 TL Sesamöl

1 Seitan in 2 cm große Stücke schneiden.
2 Gemüse waschen, von der Chilischote Stiel und Kerne entfernen. Chili und Frühlingszwiebel in feine Streifen schneiden. Aubergine längs halbieren und in 2½ cm dicke Scheiben schneiden.
3 Öl im Wok stark erhitzen, dann die Temperatur wieder auf mittlere Hitze zurückdrehen und darin die in Speisestärke gewendeten Seitanstücke frittieren, bis sie goldgelb sind, dann herausnehmen und auf Küchenpapier abtropfen lassen.
4 Auberginen ca. eine Minute im Pflanzenöl frittieren, herausholen und ebenfalls abtropfen lassen
5 Öl bis auf einen dünnen Film aus dem Wok abgießen. Knoblauch und Ingwer im Wok anbraten. Auberginen und Seitan zurück in den Wok geben. Unter Rühren mit Wasser, Reiswein, Reisessig, Chilisauce, Austernsauce, Zucker und Salz so lange erhitzen, bis die Sauce dickflüssig wird.
6 Gericht mit Sesamöl beträufeln, mit Frühlingszwiebel- und Chilistreifen garniert servieren.

Gefüllte Tofutaschen mit Bohnensprossen
You Zha Dou Fu Jia

10 g getrocknete Lilienblüten
20 g getrocknete Shiitake
100 g Bambussprossenscheiben
300 g Bohnensprossen
  (z. B. Mungobohnensprossen)
½ roter Gemüsepaprika
1 TL frischer Ingwer, geschält und gehackt
500 g Tofu
Salz
300 ml Pflanzenöl zum Frittieren
4 Frühlingszwiebeln, mit Grün gehackt
4 EL Hoisinsauce
1 TL frischer Ingwer, geschält und fein gehackt
10 g schwarze, fermentierte Bohnen
2 EL helle Sojasauce
1 EL Reisessig
1 TL Fünfgewürzepulver
1 EL Chilisauce aus Gui Lin
½ TL Sesamöl

1 Lilienblüten und Shiitake getrennt in warmem Wasser ca. 30 Minuten einweichen, gründlich unter fließendem Wasser abwaschen und fein hacken. Bambussprossenscheiben abtropfen lassen.

2 Bohnensprossen waschen und abtropfen lassen. Paprikahälfte waschen, entkernen und längs in feine Streifen schneiden.

3 Tofu in 2 cm dicke Scheiben schneiden und beidseitig mit Salz bestreuen. Nach zehn Minuten trocken tupfen und auf ein Küchenpapier legen.

4 Öl im Wok bei mittlerer Hitze heiß werden lassen. Tofuscheiben darin so lange frittieren, bis beide Seiten goldbraun sind. Dann mit einem Schaumlöffel herausnehmen, Fett abtropfen und Tofu abkühlen lassen. Mit einem scharfen Messer die Tofuscheiben an einer Seite zu einer Tasche aufschneiden.

5 Öl bis auf einen dünnen Film aus dem Wok abgießen. Frühlingszwiebeln, Lilienblüten und Shiitake im Wok braten und mit Hoisinsauce würzen.

6 Die Mischung in die Tofutaschen füllen und beiseitestellen.

7 Einen Esslöffel Öl im Wok erhitzen und den Ingwer darin kurz anbraten. Bambussprossen, Paprikastreifen und Bohnensprossen dazugeben und etwa drei Minuten weiterbraten. Mit den schwarzen Bohnen, Sojasauce, Essig, Fünfgewürzepulver, Chilisauce und Sesamöl würzen und gut vermischen.

8 Bohnensprossengemüse auf Tellern neben den Tofutaschen anrichten und die restliche Sauce über die Tofutaschen träufeln (siehe Abbildung rechts).

Esskastanien mit Süßkartoffeln
Li Zi Shao Bai Cai

250 g rohe Esskastanien/Maronen
250 g Süßkartoffeln
300 g Chinakohlblätter
300 ml Pflanzenöl, z.B. Erdnussöl
1 Knoblauchzehe, geschält und fein gehackt
1 EL helle Sojasauce
Salz
200 ml heißes Wasser
1 EL Speisestärke
½ TL Sesamöl

1 Esskastanien an der Spitze kreuzweise einschneiden, in einem Topf mit kochendem Wasser etwa zehn Minuten kochen, dann für weitere zehn Minuten in kaltem Wasser liegenlassen und danach schälen.
2 Süßkartoffeln waschen, schälen und in kastaniengroße Stücke schneiden. Chinakohl waschen und die Blätter in 4 cm große Stücke schneiden.
3 Öl im Wok stark erhitzen, Süßkartoffeln und Esskastanien darin frittieren, bis sie goldbraun sind, dann herausnehmen und das Fett abtropfen lassen.
4 Öl bis auf einen dünnen Film aus dem Wok abgießen und den Knoblauch darin anbraten. Unter Rühren mit dem Chinakohl bei mittlerer Hitze ca. drei Minuten braten, mit Sojasauce und Salz würzen.
5 Süßkartoffeln und Esskastanien dazugeben und mit heißem Wasser aufgießen. Bei starker Hitze aufkochen lassen und ca. fünf Minuten garen.
6 Speisestärke mit etwas Wasser anrühren und unterziehen. Zuletzt mit Sesamöl beträufeln und das Gericht servieren.

Geschmorte Pilze
Dun Mo Gu

10 g getrocknete Mu Err
100 g Strohpilze (Konserve)
200 g frische Austernpilze, 100 g frische Shiitake
1 weißer Rettich, 2 EL Pflanzenöl
1 Knoblauchzehe, geschält und fein gehackt
1 TL frischer Ingwer, geschält und fein gehackt
1 Frühlingszwiebel, 1 EL Reiswein
1 EL helle Sojasauce, Salz
1 EL Speisestärke, 1 TL Sesamöl

1 Mu Err in warmem Wasser einweichen, unter fließendem Wasser abwaschen und zusammen mit den Strohpilzen abtropfen lassen. Die frischen Pilze mit Küchenpapier abwischen, evtl. Stiele etwas kürzen. Mu Err, Austernpilze und Shiitake klein schneiden, Strohpilze halbieren.
2 Rettich schälen, mit einem Pariser Messer Kugeln ausstechen, in kochendem Wasser ca. zwei Minuten blanchieren, anschließend in kaltem Wasser abschrecken und abtropfen lassen.
3 Etwas Grün von der Frühlingszwiebel beiseitelegen, den Rest in schmale Ringe schneiden.
4 Öl im Wok erhitzen. Knoblauch, Ingwer und Frühlingszwiebelringe kurz darin anbraten. Unter Rühren alle Pilze hinzugeben, zwei Minuten braten. Reiswein, Sojasauce, etwas Salzwasser angießen, ca. drei bis vier Minuten köcheln.
5 Speisestärke mit Wasser anrühren, unter das Pilzgemüse rühren, einmal aufkochen lassen, bis die Sauce eindickt.
6 Rettichkugeln in den Wok geben und behutsam untermischen, sodass sie mit Sauce bedeckt sind und weitere zwei Minuten köcheln.
7 Frühlingszwiebelgrün in feine Streifen schneiden. Wokgemüse anrichten, mit den Frühlingszwiebelstreifen garnieren, mit Sesamöl beträufeln und sofort servieren (siehe Abbildung rechts).

REISGERICHTE
Mi Fan

Reis ist heute eines der wichtigsten Grundnahrungsmittel für fast die Hälfte der gesamten Menschheit. Ursprünglich kommt er aus China vom Delta des bekannten *Yang Zi Jiang* (Jangtsekiang), von wo er sich mit seiner über 7.000-jährigen Erfolgsgeschichte über die ganze Welt ausbreitete. In vielen chinesischen Provinzen prägt der Reisanbau mit seiner Architektur der Reisterrassen das Aussehen ganzer Landstriche. Eine Mahlzeit ohne Reis ähnele einer „einäugigen Schönheit", sagen manche Chinesen.

Grünteereis mit Gemüse
Cha Cai Fan

350 g Reis
100 g chinesischer Blütenkohl
100 g Süßkartoffeln (nach Belieben
 geschält oder ungeschält)
1 EL Pflanzenöl
5 g Grüntee in Bioqualität oder
2 TL Grünteepulver (Macha) in Bioqualität
350 ml Wasser

1 Reis mit reichlich kaltem Wasser abspülen, bis das Wasser klar bleibt, und in einem Sieb abtropfen lassen.
2 Gemüse waschen und abtropfen lassen. Blütenkohl in ½ cm dicke Streifen schneiden, Süßkartoffeln in 1 cm große Würfel schneiden.
3 Öl in einem Topf erhitzen und Süßkartoffelwürfel darin bei mittlerer Hitze zwei bis drei Minuten anbraten. Reis sowie Tee hinzugeben und ca. eine Minute mitbraten. Wasser zugießen und alles ca. drei Minuten kochen.
4 Die Hitze stark reduzieren und bei aufgelegtem Deckel zehn Minuten garen.
5 Blütenkohl dazugeben und den Reis mit Stäbchen auflockern. Deckel wieder auflegen und fünf Minuten zu Ende garen (siehe Abbildung rechts unten).

Shiitakereis
Xian Gu Men Fan

100 g frische Shiitake
100 g grüne Bohnen
50 g Bambussprossen
350 g Reis
1 TL schwarze Sesamsamen
1 EL Pflanzenöl
1 TL frischer Ingwer, geschält und fein gehackt
350 ml Wasser
1 TL dunkle Sojasauce
1 TL helle Sojasauce

1 Shiitake säubern, evtl. Stiele etwas kürzen. Bohnen waschen und die Enden kappen. Bambussprossen abtropfen lassen und zusammen mit den Bohnen klein würfeln.
2 Reis mit reichlich kaltem Wasser abspülen, bis das Wasser klar bleibt, und in einem Sieb abtropfen lassen.
3 Sesamsamen in einer kleinen Pfanne ohne Öl bei schwacher Hitze kurz anrösten, in eine Schüssel geben und beiseitestellen.
4 Öl in einem Topf erhitzen, Ingwer darin anbraten, Shiitake, Bohnen und Bambussprossen dazugeben, mit dunkler und heller Sojasauce würzen und unter Rühren drei Minuten braten. Den abgetropften Reis dazugeben und kurz mitbraten.
5 Wasser zugießen, das Ganze zum Kochen bringen und bei mittlerer Hitze ca. drei Minuten weiterkochen, bis das Wasser etwas eingekocht ist.
6 Hitze reduzieren und mit aufgelegtem Deckel ca. zehn Minuten weitergaren. Den Reis mit Stäbchen auflockern und mit darübergestreuten schwarzen Sesamsamen servieren.

Duftreis auf Schilfblättern
Zong Ye Xiang Mi Fan

6 unbehandelte Schilfblätter*
20 g Rosinen
1 Frühlingszwiebel
350 g Duftreis
50 g ungesalzene Cashewkerne
200 g Seitan
1 EL Sesam
350 ml Wasser
4 EL Speisestärke
300 ml Pflanzenöl zum Frittieren
2 EL helle Sojasauce
2 EL Weißwein
2 EL Puderzucker
Salz
100 ml Wasser

1 Schilfblätter 20 Minuten in warmem Wasser einweichen, waschen und abtropfen lassen. Rosinen waschen und in ein Sieb zum Abtropfen geben.

2 Frühlingszwiebel waschen und in feine Ringe schneiden. Cashewkerne grob zerdrücken.

3 Seitan in 1½ cm dicke Scheiben schneiden und diese diagonal halbieren.

4 Sesam im trockenen Wok kurz anrösten, herausnehmen und beiseitestellen.

5 Reis zweimal im Topf waschen, Wasser abgießen. Den gewaschenen Reis mit 350 ml Wasser, Rosinen und Cashewkernen aufkochen.

6 Die Hitze reduzieren und die Schilfblätter oben auf dem Reis verteilen. Deckel auflegen und 15 Minuten garen. Danach die Schilfblätter aus dem Topf nehmen und leicht überlappend auf einer Platte zum Servieren bereitlegen.

7 Öl im Wok erhitzen, die in Speisestärke gewendeten Seitanstücke darin frittieren, bis sie goldgelb sind, herausnehmen und abtropfen lassen.

8 Öl bis auf einen dünnen Film aus dem Wok abgießen. Frühlingszwiebelringe darin anbraten, Sojasauce, Weißwein, Zucker und Salz einrühren, 100 ml Wasser zugießen und unter Rühren zum Kochen bringen.

9 Seitan in der Wokflüssigkeit wenden und mit Sesam bestreuen. Den Reis auflockern und auf der mit Schilfblättern bedeckten Platte verteilen. Seitan über den Reis legen und servieren.

* Schilfblätter werden in Asialäden häufig getrocknet angeboten, sie entsprechen aber dem Schilfgras, das bei uns an der Uferböschung wächst und das für dieses Gericht auch frisch verwendet werden kann. Einige asiatische Lebensmittelgeschäfte bieten Schilfblätter auch als TK-Ware an; diese besitzen im Vergleich zu den getrockneten eine schönere Farbe und einen aromatischeren Geschmack. Sie werden vor ihrer Verwendung aufgetaut, abgewaschen und abgetrocknet.

Süßsaurer Kokosreis
Suan Tian Ye Xiang Fan

350 g Duftreis
je ½ rote und grüne Gemüsepaprika
½ Zucchini, 100 g Ananasscheiben (Konserve)
10 Kumquats, Schale unbehandelt
1 EL Pflanzenöl, 1 EL getrocknete Kokosstreifen
1 TL frischer Ingwer, geschält und fein gehackt
1 TL Currypulver, 1 EL Zucker, Salz
150 ml Kokosmilch, 200 ml Wasser

1 Reis waschen, in einem Sieb abtropfen lassen.
2 Gemüse waschen, Paprikahälften entkernen und von der Zucchini den Ansatz abschneiden. Gemüse klein würfeln.
3 Ananas abtropfen lassen und in kleine Stücke schneiden. Vier Kumquats halbieren und Saft daraus gewinnen.
4 Öl in einem Topf erhitzen, Kokosnussstreifen darin anrösten, herausnehmen und auf Küchenpapier abkühlen lassen.
5 Ingwer in den Topf geben, kurz anbraten, Paprika und Zucchini dazugeben und unter Rühren ca. zwei Minuten weiterbraten. Mit Currypulver, Zucker und Salz würzen.
6 Abgetropften Reis darin eine Minute mitbraten, dann mit Kokosmilch und Wasser aufgießen und unter Rühren zum Kochen bringen.
7 Hitzezufuhr etwas reduzieren und weiterkochen, bis fast die ganze Flüssigkeit eingezogen ist.
8 Ananasstücke auf den Reis geben, Deckel auflegen und bei minimaler Hitze noch fünf Minuten ziehen lassen, dann vom Herd nehmen.
9 Reis mit Stäbchen auflockern, Kumquatsaft darüberträufeln. Die übrigen Kumquats in feine Scheiben schneiden, über dem Reis verteilen und zuletzt mit den Kokosstreifen garnieren (siehe Abbildung Seite 81 oben).

Gebratener Reis mit Tofuwürfeln
Chao Fan

20 g getrocknete Shiitake
1 Frühlingszwiebel
2 Stangen junger Staudensellerie
50 g Tofu
1 Karotte
4 EL Pflanzenöl
50 g Erbsen, frisch oder TK-Ware
300 g Reis, fertig gegart
weißer Pfeffer
Salz

1 Shiitake in warmem Wasser ca. 30 Minuten einweichen, unter fließendem Wasser gründlich waschen und klein würfeln.
2 Frühlingszwiebel und Sellerie waschen, beides fein schneiden.
3 Tofu in 1 cm große Würfel schneiden, salzen und mit Küchenpapier abtrocknen.
4 Karotten schälen und in erbsengroße Würfel schneiden.
5 Zwei Esslöffel Öl im Wok erhitzen, Tofuwürfel darin goldgelb braten, herausnehmen und in einer Schüssel beiseitestellen.
6 Frühlingszwiebel im Wok anbraten, mit Shiitake, Karotten, Erbsen und Sellerie unter Rühren etwa zwei Minuten braten, aus dem Wok nehmen und zu den Tofuwürfeln geben.
7 Restliches Öl im Wok erhitzen, Reis unter Rühren darin anbraten und lockern. Gemüse und Tofu unterheben und einige Minuten unter Rühren weiterbraten, abschließend mit Pfeffer und Salz würzen.

幸福生活

TEIGWAREN
Mian Shi

Teigwaren aus Weizen, Buchweizen, Reismehl, Hirsemehl und auch Sojabohnenmehl sind vielfältig und haben in China eine sehr lange Tradition. Der chinesische Geologe Houyuan Lu entdeckte 2005 im Süden des Landes am Ufer des Gelben Flusses die älteste Nudel der Welt – ein Relikt aus der Jungsteinzeit und zwar aus Hirse, der ursprünglichen Getreidesorte in diesem Teil des Landes. Chinesische Nudeln sind immer sehr lang, weil sie als Symbol für Langlebiykeit gelten.

Knusprige Teigtaschen
Guo Tie

300 g Weizenmehl, Type 405
100 ml heißes Wasser, 50 ml kaltes Wasser
50 g Glasnudeln, 30 g getrocknete Shiitake
1 Ei, 500 g Blattspinat
50 g Bambussprossen
1 TL frischer Ingwer, geschält und fein gehackt
2 EL helle Sojasauce, 2 EL Pflanzenöl
1 TL Sesamöl, Salz
etwas Mehl zum Auswellen

Zum Anbraten:
100 g Weizenmehl, Type 405
250 ml Wasser, 100 ml Pflanzenöl

Zum Servieren:
frische Sauce (siehe Grundrezept Seite 25)

1 Weizenmehl in einer Schüssel mit dem heißen Wasser vermischen und etwas abkühlen lassen. Dann nach und nach kaltes Wasser zugeben und zu einem glatten Teig verkneten. Abgedeckt 30 Minuten ruhen lassen.

2 Glasnudeln 20 Minuten in warmem Wasser einweichen, herausnehmen, abtropfen lassen und nach Belieben klein schneiden.

3 Shiitake in warmem Wasser 30 Minuten einweichen, unter fließendem Wasser abwaschen und in feine Streifen schneiden.

4 Ei verquirlen und in einer geölten Pfanne zu einem sehr dünnen Omelett braten, abkühlen lassen und in 3 cm lange feine Streifen schneiden.

5 Spinat waschen, blanchieren und in kaltem Wasser abschrecken. Mit der Hand zu Kugeln formen und das verbliebene Wasser auspressen und Spinat fein hacken.

6 Bambussprossen abtropfen lassen und fein hacken.

7 Spinat, Ingwer, Omelettstreifen, Pilze, Bambussprossen und Glasnudeln in eine Schüssel geben und mit Sojasauce, Pflanzenöl, Sesamöl und Salz zu einer Füllung vermischen.

8 Teig erneut gut durchkneten, Menge halbieren und eine Hälfte wieder zurückstellen. Aus der anderen Teighälfte eine Rolle formen, diese in zehn gleich große Teile schneiden.

9 Eine Arbeitsfläche und die Teigstücke bemehlen, mit der Hand in eine runde, flache Form drücken. Anschließend mit einem Nudelholz zu dünnen Teigscheiben ausrollen (ø ca. 8–10 cm), wobei die Mitte dicker als der Rand sein soll.

10 Je etwa einen Esslöffel der Füllung in die Mitte jedes Teigblatts geben. Die Ränder zusammendrücken und so einen Halbmond formen. Danach die Teigtaschen auf ein mit etwas Mehl bestreutes Küchenbrett stellen.

11 Mehl mit Wasser zum Anbraten anrühren.

12 Zwei Esslöffel Öl in einer Pfanne bei mittlerer Hitze erhitzen. Etwa die Hälfte der Teigtaschen in die Pfanne legen und ca. zwei Minuten anbraten. Das angerührte Mehlwasser auf den Boden der Pfanne gießen, bis der Pfannenboden leicht bedeckt ist. Bei mittlerer Hitze weiterbraten, bis der Teigtaschenboden goldbraun ist, dann wenden. Durch das Mehlwasser wird der Boden der Teigtaschen noch knuspriger. Einen Esslöffel Öl dazugeben, weiterbraten, bis die Teigtaschen glänzend und knusprig sind. Die übrigen Teigtaschen ebenso zubereiten und aus der zweiten Teighälfte die restlichen Teigtaschen wie oben beschrieben herstellen.

13 Auf einer Platte mit der frischen Sauce servieren.

Wan-Tan-Suppe
Hun Tun

**50 Stück Wan-Tan-Teigblätter
(TK-Ware aus dem Asialaden)**

Für die Füllung:
20 g getrocknete Shiitake
**150 g Schnittknoblauch
   (alternativ: Bärlauchblätter)**
150 g Tofu
2 EL Pflanzenöl

Für die Suppe:
10 g getrocknete Mu Err
10 g getrocknete Lilienblüten
1 frisches Korianderpflänzchen
½ Karotte
1 Ei
Salz
3 EL Speisestärke
2 EL Pflanzenöl
1 TL frischer Ingwer, geschält und fein gehackt
20 g Bambusstreifen (Konserve)
1½ l Wasser
5 EL Reisessig
3 EL helle Sojasauce
weißer Pfeffer, gemahlen
½ TL Sesamöl

1 Die tiefgekühlten Wan-Tan-Teigblätter ungeöffnet in der Verpackung bei Zimmertemperatur auftauen lassen. Shiitake, Mu Err und Lilienblüten getrennt in warmem Wasser für 30 Minuten einweichen. Einweichwasser der Pilze zur späteren Verwendung abseihen und beiseitestellen.

2 Eingeweichte Zutaten unter klarem Wasser gründlich abspülen. Shiitake fein hacken, Mu Err in dünne Streifen schneiden und Lilienblüten halbieren.

3 Kräuter waschen, abtropfen lassen und Karotte schälen. Kräuter fein, Karotte in streichholzdünne Streifen und Tofu in kleinste Würfel schneiden. Ei in einer Schüssel verquirlen.

4 Öl für die Teigtaschenfüllung im Wok erhitzen. Tofu darin goldgelb braten, Shiitake hineingeben und unter Rühren eine Minute mitbraten. Das Ganze mit Schnittknoblauch gut vermischen und mit Salz würzen. Noch vorhandene Garflüssigkeit im Wok mit Speisestärke binden. Wokgemüse abkühlen lassen.

5 Öl für die Suppe in einem Topf erhitzen, Ingwer darin anbraten, Karottenstreifen hinzugeben und mitbraten. Zusammen mit Bambusstreifen, Mu Err, Lilienblüten, Pilzwasser und Wasser zum Kochen bringen. Mit etwas Wasser angerührte Speisestärke zugießen, Hitze reduzieren und eine Minute weiterköcheln lassen. Mit Essig, Sojasauce, Salz und Pfeffer würzen. Verquirltes Ei langsam in die Suppe geben und mit einem Kochlöffel in eine Richtung rühren, sodass sich Fäden bilden. Zum Schluss das Sesamöl einrühren.

6 Einen Topf mit reichlich Wasser füllen und zum Kochen bringen.

7 Ränder der Wan-Tan-Teigblätter mit Wasser bestreichen und jeweils einen Teelöffel der Füllung mittig auf ein Teigblatt geben. Teigblätter zu einem Dreieck falten, die obere Spitze nach oben schlagen und die beiden seitlichen Ecken mit Wasser befeuchten, die dann fest zusammengedrückt werden. Die Teigtasche bekommt so eine Tortelliniform.

8 Wan-Tans in das kochende Wasser geben und bei starker Hitze so lange offen garen, bis die Teigtaschen aufsteigen. Eine Tasse kaltes Wasser zugießen und erneut zum Kochen bringen. Hitze reduzieren und fertige Wan-Tans mit einem Sieblöffel in Schälchen verteilen.

9 Heiße Suppe über die Wan-Tans gießen und die Suppe mit Koriander garnieren.

Dim Sum – chinesische Dampfnudeln mit Füllung
Bao Zi

Auf chinesisch heißt dieses Gericht Bao Zi, ist aber bei uns unter dem Begriff Dim Sum bekannt. Dim Sum heißt aus dem Guang-Dong-Dialekt übersetzt eine „Kleinigkeit", die in vielen Variationen gegessen wird, z. B. mit süßer Füllung wie rote Bohnenpaste oder Lotuskernpaste. Auch diese vegetarische Variante kann über ihre Zutaten abwechslungsreich zusammengestellt werden.

1 Würfel frische Hefe
250–300 ml lauwarmes Wasser
500 g Weizenmehl, Type 405
1 TL Backpulver, 50 g Glasnudeln
30 g getrocknete Shiitake
300 g weicher Tofu
Salz, 1 EL dunkle Sojasauce
1 TL Zucker, ¼ TL Fünfgewürzepulver
100 g Karotten, 200 g Weißkohl
2 Frühlingszwiebeln
2 EL helle Sojasauce, 2 EL Pflanzenöl
1 TL Sesamöl, 8–10 Salatblätter (z. B. Eisberg- oder Kopfsalat als Dämpfunterlage)

1 Hefe in etwas Wasser auflösen. Mehl und Backpulver in eine Schüssel geben und gut vermischen, aufgelöste Hefe zugeben und mit dem restlichen Wasser zu einem glatten Teig verkneten. Bedeckt an einem zugfreien Ort etwa eine Stunde gehen lassen.
2 Glasnudeln 20 Minuten in warmem Wasser einweichen, aus dem Wasser nehmen, abtropfen lassen, nach Belieben kleiner schneiden. Shiitake in warmem Wasser 30 Minuten einweichen, unter fließendem Wasser waschen und in feine Streifen schneiden. Tofu klein würfeln, mit Salz, Sojasauce, Zucker und Fünfgewürzpulver marinieren.

3 Gemüse waschen, Karotten schälen und den harten Strunk vom Weißkohl entfernen. Weißkohl, Karotten und Frühlingszwiebeln mit Grün fein hacken. Alle Zutaten in einer Schüssel mit heller Sojasauce, den Ölen und etwas Salz gut vermischen.
4 Hefeteig nochmals durchkneten und in drei Stücke teilen. Diese jeweils zur Rolle formen, jede Rolle in zehn Stücke teilen, mit Mehl bestreuen und mit der Hand flach pressen. Teigstücke in runde Fladen von etwa 9 cm Durchmesser auswellen (den Rand dünner als die Mitte). Fladen in die Handfläche legen, etwa zwei Esslöffel Füllung in die Mitte geben. Mit den Fingern der anderen Hand den Teigrand nach oben ziehen, dabei den gefüllten Fladen auf der Handfläche ein Stück weiterdrehen und mit den Fingern der freien Hand den oberen Teigrand wie Plissee in Falten legen. Weiter drehen und oben falten, dabei mit dem Daumen der freien Hand die Füllung nach unten drücken, damit sie nicht herausquillt. Zum Schluss den gefalteten Rand oben etwas zusammendrehen.
5 Einen weiten Topf ca. 4–6 cm hoch mit Wasser füllen (je nach Höhe des verwendeten Steam Baskets/Bambusdämpfkörbchens). Das Wasser zum Kochen bringen. Boden des Dämpfkorbs mit Salatblättern belegen, die Dampfnudeln mit jeweils 2 cm Abstand hineingeben, Deckel schließen und portionsweise bei geschlossenem Topf etwa acht Minuten dämpfen. Herausnehmen und den Topf wieder entsprechend mit Wasser füllen, sodass es nicht über den Dämpfeinsatz kocht. Diesen Vorgang wiederholen, bis alle Dampfnudeln fertiggedämpft sind. Dazu die frische Sauce (siehe Grundrezept Seite 25) servieren.

Tipp Elektrischen Reiskocher mit Dämpfeinsatz verwenden.

Frühlingsrollen
Chun Juan

250 g Frühlingsrollen-Teigblätter (TK-Ware aus
  dem Asialaden: 50 Stück, 125 x 125 mm groß)
50 g Glasnudeln
20 g getrocknete Mu Err
1 rote Gemüsepaprika
4 Frühlingszwiebeln
300 g Bohnensprossen
1 EL Pflanzenöl
1 TL Sesamöl
2 EL helle Sojasauce
Salz
300 ml Pflanzenöl zum Frittieren

1 Teigblätter bei Zimmertemperatur auftauen lassen. Glasnudeln 20 Minuten in warmem Wasser einweichen, herausnehmen, abtropfen lassen und nach Belieben ein paarmal durchschneiden. Mu Err in warmem Wasser 30 Minuten einweichen, unter fließendem Wasser abwaschen und in feine Streifen schneiden.
2 Gemüse waschen, abtropfen lassen. Paprika entkernen, Wurzelansatz der Frühlingszwiebeln entfernen, Paprika und Frühlingszwiebeln mit Grün fein hacken und in eine Schüssel geben.

3 Bohnensprossen in kochendem Wasser eine Minute blanchieren, in kaltem Wasser abschrecken. Das Wasser mit den Händen gründlich aus den Sprossen drücken, Bohnensprossen grob hacken. Ebenfalls in die Schüssel geben, Öle unterrühren und mit Sojasauce und Salz würzen.
4 Teigblätter mit der Ecke nach oben vorsichtig übereinander auf eine Arbeitsfläche legen. Dann jeweils einen gehäuften Teelöffel Füllung auf dem unteren Drittel waagerecht verteilen. Die untere Ecke darüberschlagen und bis zur Mitte fest aufrollen. Dann rechte und linke Ecke einschlagen, die Spitze der freien oberen Ecke mit etwas Wasser bestreichen und komplett aufrollen. Mit der abschließenden Ecke nach unten auf einen flachen Teller stapeln, damit die Rolle verschlossen bleibt.
5 Öl im Wok erhitzen, die Frühlingsrollen darin portionsweise knusprig goldgelb frittieren und mit einem Sieblöffel herausnehmen. Dann auf einem mit Küchenpapier belegten Teller abtropfen lassen.
6 Zu den Frühlingsrollen frische Sauce (siehe Seite 25) oder Pflaumendip (siehe Seite 25) servieren.

Tipp Noch nicht frittierte Frühlingsrollen einfrieren. Sie können ohne Auftauen direkt frittiert werden.

Gebratene Nudeln mit gemahlenen Erdnüssen
Xiang La Chao Mian

400 g chinesische Nudeln
(ähneln Spaghetti)
2 Frühlingszwiebeln
100 g ungesalzene Erdnüsse, geröstet
2 EL Pflanzenöl
3 EL helle Sojasauce
3 EL Reisessig
1 TL Sesamöl
1 TL Chiliöl (siehe Grundrezept Seite 26)

1 Wasser in einem Topf zum Kochen bringen, Nudeln darin bissfest kochen, dann abtropfen lassen.

2 Frühlingszwiebeln waschen und mit Grün fein hacken, Erdnüsse im Mixer fein mahlen.

3 Öl im Wok erhitzen, Frühlingszwiebeln und Nudeln zugeben und eine Minute anbraten. Sojasauce, Essig, Sesamöl und Chiliöl unterrühren, die gemahlenen Erdnüsse darauf verteilen und sofort servieren.

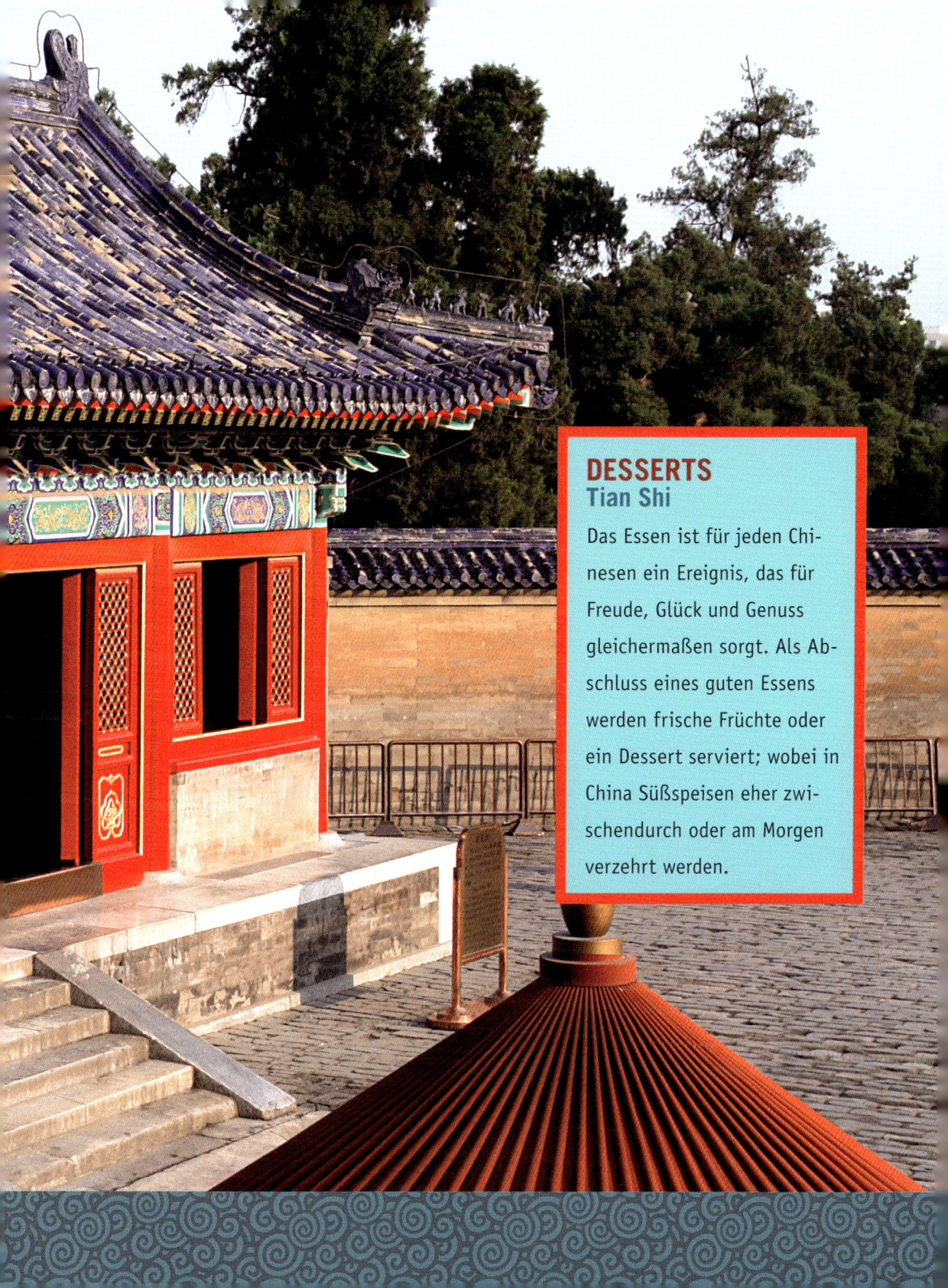

DESSERTS
Tian Shi

Das Essen ist für jeden Chinesen ein Ereignis, das für Freude, Glück und Genuss gleichermaßen sorgt. Als Abschluss eines guten Essens werden frische Früchte oder ein Dessert serviert; wobei in China Süßspeisen eher zwischendurch oder am Morgen verzehrt werden.

Frittierte süße Klebreiskügelchen
Zha Nuo Mi Qiu

350 g Klebreismehl
300 ml Wasser
200 g süße Bohnenpaste
100 g Sesam
300 ml Pflanzenöl zum Frittieren

1   Klebreismehl mit etwa 300 ml lauwarmem Wasser zu einem Teig verarbeiten. Teig in walnussgroße Stücke teilen, diese zu kleinen Schüsseln formen. Je einen Teelöffel süße Bohnenpaste in die Mitte geben, den Teig darüber verschließen und zu Kugeln formen. Diese mit Wasser befeuchten und in Sesam wenden.
2   Öl im Wok erhitzen. Die optimale Temperatur ist erreicht, wenn an einem ins Öl getauchten Holzstäbchen Bläschen aufsteigen. Die Kugeln portionsweise bei niedriger Hitze etwa drei Minuten goldgelb frittieren. Vorsicht: Wegen der starken Hitze können die Kugeln platzen und dabei kann heißes Fett spritzen! Mit einem Sieblöffel herausholen und auf einem mit Küchenpapier belegten Teller abkühlen lassen (siehe Abbildung links unten).

Tipp Wenn die frittierten Kugeln noch ein zweites Mal frittiert werden, bekommen sie eine kräftigere goldbraune Farbe und bleiben länger knusprig.

Papaya mit Kokosgelee
Ye Dong Mu Gua

Für das Kokosgelee:
200 ml Wasser, 5 g Agar-Agar
100 g Zucker
100 ml Kokosmilch
2 cl Likör, z. B. Kokoslikör

Für den Obstsalat:
1 große Honigmelone, 2 Papayas
100 g grüne Trauben
300 – 400 g Kokosgelee, Menge nach Belieben

1   Für das Gelee Wasser zum Kochen bringen, Agar-Agar unterrühren und darin auflösen. Zucker zugeben, dann Kokosmilch unter ständigem Rühren zugießen und drei Minuten köcheln lassen.
2   Gelee in eine flache Form gießen, leicht abkühlen lassen, Likör unterrühren und vollständig erkalten lassen. Anschließend im Kühlschrank fest werden lassen und in 1½ cm große Würfel schneiden.
3   Für den Obstsalat Melone zickzackartig halbieren, Kerne mit einem Löffel entfernen und mithilfe eines Kartoffelausstechers Melonenkugeln ausschneiden und in eine Salatschüssel geben.
4   Papaya schälen, halbieren, entkernen und in kleine Stücke schneiden. Trauben waschen und vom Stiel lösen.
5   Vorbereitetes Obst und Kokosgelee zu den Melonenkugeln geben und gut vermischen.
6   Ausgehöhlte Melonenhälften auf Eiswürfeln gekühlt mit dem Obstsalat füllen (siehe Abbildung links oben).

Tipp Im Asialaden ist fertiges Gelee auch im Glas erhältlich.

Bananen im Knuspermantel
Cui Pi Xiang Jiao

4 mittelgroße, festfleischige Bananen
25 g Speisestärke
½ TL Backpulver
100 g Mehl
1 Ei, verquirlt
125 ml Wasser
Pflanzenöl zum Frittieren
2 EL Sesamsamen, weiße oder
  schwarze – ganz nach Geschmack
4 EL Honig

1 Bananen schälen und in Speisestärke wenden.
Restliche Speisestärke mit Backpulver, Mehl,
Ei und Wasser zu einem dickflüssigen Teig verarbeiten.
2 Öl im Wok erhitzen. Bananen in den Teig
tauchen, im Öl goldbraun frittieren und auf
Küchenpapier abtropfen lassen.
3 Sesam in einer Pfanne unter Rühren kurz
anrösten, Honig dazugeben und den flüssigen
Sesam-Honig über die auf Tellern angerichteten
Bananen gießen.

Grünteegranité
Lü Cha Hong Dou Bao Bing

10 g Grüntee in Bioqualität oder 4 TL Grüntee-
  bzw. Machapulver in Bioqualität
200 ml Wasser
10 g Maisstärke
200 g süße Bohnenpaste
800 g Eiswürfel

1 Grüntee in einem Topf mit 200 ml Wasser
ca. zehn Minuten ziehen lassen, dann zum
Kochen bringen. Mit etwas Wasser angerührte
Maisstärke dazugeben, unterrühren und eine
Minute sprudeln lassen. In ein Schälchen gießen
und abkühlen lassen.
2 Eiswürfel, Bohnenpaste und etwas Wasser in
einem zur Herstellung von Crushed Ice geeigneten
Multifunktionsmixer pürieren und in Glasschüs-
seln verteilen. Die Grünteesauce darauf verteilen.

Drachenaugenkuchen
Gui Yuan Mi Gao

1 TL weiße Sesamsamen
300 g Klebreis
¼ l Wasser
50 g brauner Zucker
200 g getrocknete Drachenaugen (Long Yan)
  mit Schalen
100 ml Reiswein

1 Sesamsamen in einer Pfanne ohne Fett kurz anrösten. Klebreis in reichlich Wasser vier Stunden einweichen, danach das Wasser abgießen.
2 Eingeweichten Reis in einem Topf mit einem Viertelliter Wasser zum Kochen bringen, Hitze reduzieren und weiterkochen, bis die Flüssigkeit fast ganz eingezogen ist. Zudecken und bei geringer Hitze 15 Minuten weitergaren lassen. Zum Schluss den Zucker unterrühren, alles gut vermischen und auf Zimmertemperatur abkühlen lassen.
3 Drachenaugen schälen, entkernen und Fruchtfleisch in Reiswein einlegen.

4 Ausreichend große Frischhaltefolie in eine als Kuchenform geeignete Schale legen; die Frischhaltefolie muss den Kuchen komplett umhüllen können. Drachenaugen aus dem Reiswein nehmen und auf der Folie in der Schale dekorativ verteilen.
5 Lauwarmen Klebreis vorsichtig auf die Drachenaugen in die Form geben. Frischhaltefolie darüber komplett umschlagen, Klebreis fest flachdrücken und Folie wieder öffnen.
6 Einen flachen Kuchenteller, der etwas größer als die Schale ist, auf den Klebreis legen und gemeinsam mit der Schale umdrehen. Den Kuchen vorsichtig auf den Teller stürzen. Schale und Folie entfernen, dann den Kuchen mit gerösteten Sesamsamen garnieren.

Kandierte Äpfel im Teigmantel
Ba Si Ping Guo

2 säuerliche, knackige Äpfel
200 g Zucker
100 g Mehl
50 g Speisestärke
1 Ei
ca. 150 ml Wasser
½ l Pflanzenöl zum Frittieren

1 Äpfel schälen, vierteln, entkernen und quer halbieren. In einer Schüssel Mehl, Speisestärke, Ei und Wasser zu einem dickflüssigen Teig verarbeiten.
2 Öl im Wok erhitzen, Apfelstücke in den Teig tauchen, in den Wok geben und portionsweise frittieren. Nach dem Frittieren das Öl vorsichtig abgießen, bis nur noch ein dünner Film vorhanden ist. Zucker in den Wok geben und unter Rühren bei schwacher Hitze schmelzen lassen.
3 Wenn sich Blasen im Zucker bilden, die frittierten Apfelstücke kurz durchschwenken. Mit Stäbchenhilfe den Zucker auf den Äpfeln dekorativ in Fäden nach oben ziehen und sofort servieren.

Silberne Morcheln mit roten Datteln
Yin Er Dun Hong Zao

20 getrocknete rote Datteln
50 g weiße Mu Err (etwa 2 oder 3 Stück)
2 l Wasser
100 g Zucker

1 Datteln in warmem Wasser eine Stunde einweichen. Morcheln in warmem Wasser 30 Minuten einweichen, herausnehmen, die gelblichen harten Stiele entfernen und die Morcheln mit den Händen in kleine Stücke teilen.
2 In einem Topf 2 l Wasser zum Kochen bringen. Morcheln darin aufkochen, bei schwacher Hitze etwa 20 Minuten weiterköcheln lassen. Datteln dazugeben und weitere 20 Minuten köcheln. Öfter umrühren und darauf achten, dass es nicht überkocht.
3 Zucker gut unterrühren, nochmals kurz aufkochen und dann vom Herd nehmen. Das Ganze abkühlen lassen, dann noch für 20 Minuten in den Kühlschrank stellen und servieren.

Reispudding mit Nüssen
Ba Bao Nuo Mi Zhou

200 g Klebreis
100 g Lotussamenkerne
20 g getrocknete rote Datteln
100 g Esskastanien
1 Süßkartoffel
2 l Wasser
50 g rohe Erdnüsse, gehäutet
20 g Pinienkerne
50 g Rosinen
5 EL Honig

1 Klebreis zwei Stunden in Wasser einweichen. Lotuskerne und Datteln eine Stunde in warmem Wasser einweichen. Süßkartoffeln schälen und in kleine Würfel schneiden.

2 Esskastanien an der Spitze kreuzweise einschneiden und in einem Topf mit kochendem Wasser ca. zehn Minuten kochen. Danach zehn Minuten in kaltem Wasser abkühlen lassen, dann schälen und halbieren.

3 Einweichwasser jeweils abgießen. Reis in einem Topf mit 2 l Wasser, Süßkartoffelwürfeln, Datteln, Lotuskernen, Erdnüssen, Pinienkernen und Esskastanien zum Kochen bringen. Sobald es kocht, die Hitze reduzieren und den Deckel auflegen. Eine Stunde unter gelegentlichem Rühren bei kleinster Hitze köcheln lassen.

4 Rosinen und Honig dazugeben, gut verrühren, den Topf vom Herd nehmen und den Pudding lauwarm servieren.

美食美味

GETRÄNKE
Yin Liao

Man kann wohl mit Fug und Recht behaupten, dass das chinesische Nationalgetränk Tee ist. *Cha* (Tee auf Chinesisch) wird in China den ganzen Tag über ausgiebig genossen. In vielen Restaurants wird Jasmintee kostenlos während der ganzen Mahlzeit serviert. In China passt Tee sozusagen zu allem und wird in jeder Provinz des Landes getrunken.

Die besten chinesischen Tees stammen aus den Provinzen *Zhe Jiang, Fu Jian, Yun Nan* und *An Hui*; es gibt schwarze (in China roter Tee genannt), grüne, weiße und Oolong- (halbfermentierte) Teesorten. Die bekanntesten sind: *Long Jing, Bi Luo Chun, Huang Shan Mao Feng, Lu Shan Yun Wu* und *Su Zhou* Jasmintee (Grüntees); *Wu Long* und *Tie Guan Yin* (Oolongtees, die zwischen Grün- und Schwarztee liegen); *Qi Meng Hong* (Schwarztee); *Bai Hao Yin Zhen* – auch Silbernadeltee (weißer Tee); *Pu Er* – auch Pu Erh bzw. Roter Tee (als Grüntee und als reifer/behandelter Tee erhältlich).

Aber auch andere Getränke haben in China Tradition: Weintrauben wurden bereits zu Zeiten von Marco Polo exportiert und die zahlreiche Auswahl an Schnäpsen – nicht nur aus Reis gewonnen – und Likören zeigen die lange Geschichte der Herstellung dieser alkoholischen Getränke. Der Titel des bekanntesten Gedichts des chinesischen Lyrikers Li Tai Po lautet übersetzt „Gelage im Mondschein", in dem er Wein trinkend mit seinem Schatten und dem Mond anstößt.

Jasmintee
Mo Li Hua Cha

4 TL Jasmintee
1 l kochendes Wasser

1 Jasmintee in eine Teekanne geben, mit kochendem Wasser übergießen und fünf bis zehn Minuten ziehen lassen.
2 Wenn etwa zwei Drittel des Tees getrunken sind, wieder kochendes Wasser aufgießen. Dieser Vorgang kann mehrmals wiederholt werden (siehe Abbildung rechts unten).

Grüntee
Lü Cha

2 TL Grüntee
1 l abgekochtes Wasser, auf 80 °C abgekühlt

1 Das auf 80 °C temperierte Wasser in die Teekanne mit dem Grüntee gießen und – je nach Teequalität und -stärke – drei Minuten ziehen lassen.
2 Je nach Qualität des Grüntees kann noch ein zweiter oder dritter Aufguss erfolgen, der dann entsprechend länger zieht.

Ingwertee
Jiang Cha

1 walnussgroßes Stück frischer Ingwer
1 l kochendes Wasser
4 EL Honig, nach Geschmack

1 Ingwer schälen, in dünne Scheiben schneiden und in eine Kanne geben.
2 Ingwerscheiben mit kochendem Wasser übergießen, Honig zugeben und zugedeckt für fünf Minuten ziehen lassen (siehe Abbildung rechts Mitte).

Pflaumentee
Mei Cha

8 frische Blätter von blauem Basilikum*
5 Huamei – eingelegte chinesische Pflaumen
1 l abgekochtes Wasser, auf 80 °C abgekühlt

1 Basilikumblätter waschen und abtropfen lassen. Pflaumen und Basilikumblätter in eine Teekanne geben.
2 Das auf 80 °C temperierte Wasser aufgießen und den Tee ca. drei Minuten ziehen lassen.

* Die Basilikumsorten „Afrian Blue" oder auch „Dark Opal" haben dunkelviolette Blätter und einen intensiveren Geschmack als das übliche Genueser Basilikum. Eine Alternative zum blauen Basilikum ist das ebenso aromatische Thaibasilikum.

Chrysanthementee
Ju Hua Cha

Ein in China sehr beliebter Blütentee. Aufgrund seiner erfrischenden und kühlenden Wirkung wird er besonders in warmen Regionen häufiger getrunken als Grüntee. Aus Sicht der traditionellen chinesischen Medizin ist er ein ideales Sommergetränk, hilft gegen Hautreizungen, aber auch bei Bluthochdruck, Verspannungen und Sommergrippe. Er wird ausschließlich aus weißen Chrysanthemenblüten hergestellt und hat ein angenehm liebliches, honigartiges Aroma. Sein Aufguss hat eine klare goldgelbe Farbe und einen duftenden Geschmack. Chrysanthemenblüten für Tee sind extra gezüchtet und nicht durch die in Blumenläden erhältlichen Chrysanthemen ersetzbar.

8 – 10 getrocknete Chrysanthemenblüten
1 l kochendes Wasser

1 Chrysanthemenblüten in eine Teekanne geben, mit kochendem Wasser übergießen und fünf bis zehn Minuten ziehen lassen.
2 Wenn etwa zwei Drittel des Tees getrunken sind, wieder kochendes Wasser aufgießen. Dieser Vorgang kann mehrmals wiederholt werden (siehe Abbildung auf Seite 103 oben).

Bittermelonentee
Ku Gua Cha

1 EL Bittermelonetee*, 1 l kochendes Wasser

1 Bittermelonentee in eine Teekanne geben, mit kochendem Wasser übergießen und fünf bis zehn Minuten ziehen lassen.
2 Wenn etwa zwei Drittel des Tees getrunken sind, wieder kochendes Wasser aufgießen. Dieser Vorgang kann mehrmals wiederholt werden.

* Bittermelonentee wird ohne jegliche Zusätze aus getrockneten Bittermelonenscheiben hergestellt.

Sojamilch
Dou Jiang

500 g gelbe Sojabohnen, 1½ l Wasser

1 Sojabohnen in kaltem Wasser acht bis zwölf Stunden einweichen, danach abtropfen lasen und in einem Mixer mit etwas Wasser fein pürieren.
2 Mulltuch über einen Topf legen, Sojamus einfüllen und das Mulltuch ausdrücken, bis kaum noch Sojamilch herausgedrückt werden kann.
3 Restliches Wasser in den Topf gießen und zum Kochen bringen. Hitze reduzieren und weitere fünf Minuten kochen lassen.
4 Selbst gemachte Sojamilch nach Belieben süßen oder salzen und warm oder kalt trinken.

Chinesische Weine
Zhong Guo Pu Tao Jiu

Alkoholische Getränke haben in China eine lange Tradition, schon seit Urzeiten ist ihr Genuss Teil des Gesellschaftslebens. Unter den zahlreichen bekannten Schnaps- und Reisweinsorten hat auch der aus Trauben gewonnene Wein in China eine etwa 5.000 Jahre alte Geschichte.
Derzeit hat China mit seinen großen Anbauflächen eine Produktion von ca. zwölf Millionen Hektolitern und liegt weltweit vor Australien auf Platz sechs der weinproduzierenden Länder. Chinesische Weine werden dabei nicht nur nach der klassischen Methode, sondern auch mit modernster Produktions- und Kellertechnik hergestellt. Die noch raren Spitzenweine erobern sich inzwischen auch ihren Platz auf dem europäischen Markt.
In Asialäden sind z. B. trockene Weiß- und Rotweine der Marke *Dry Great Wall* erhältlich. Ihr Alkoholgehalt liegt zwischen 11 und 12 Vol.-%. Außerdem ist noch der berühmte – auch unter dem Namen Zimtblütenwein bekannte – Duftwein *Gui Hua Chen Jiu* zu nennen, der sein Aroma aus Osmanthusextrakt bezieht. Er ist ein süßer, likörartiger Weißwein mit einem Alkoholgehalt von 15 Vol.-%. Der immergrüne Osmanthusstrauch gehört wie Jasmin zur Familie der Ölbaumgewächse und liefert Blüten mit einem betörenden Duft, die auch zur Aromatisierung von schwarzem und grünem Tee verwendet werden.

Bekannter sind bei uns die chinesischen Obstweine wie z. B. Pflaumenwein, ein aus Pflaumensaft hergestellter Dessertwein mit einem Alkoholgehalt von ca. 10 Vol.-% und leuchtend roter Farbe, aber auch Pflaumenwein mit 13 – 14 Vol.-% Alkoholgehalt, ein zusätzlich mit Alkohol versetzter Pflaumenwein, der als Dessertwein oder Digestif serviert werden kann. Schließlich sei hier auch noch Litschiwein genannt, ein süßer, aus Litschisaft hergestellter Obstwein, der mit seinem Alkoholgehalt von 10 – 13 Vol.-% als Dessertwein serviert wird.

人和喜滿堂

REZEPTVERZEICHNIS
Mu Lu

Grundrezepte

Ji Ben Zuo Fa

Salate

Liang Cai

Vorspeisen

Xia Jiu Cai

Suppen

Tang

Desserts

Tian Shi

Getränke

Yin Liao

Vegetarisches aus aller Welt

Indisch vegetarisch
von Sushila Issar und Mrinal Kopecky, 127 S., 83 Farbfotos, ISBN 978-3-7750-0352-0.
Indiens Küche ist eine unerschöpfliche Quelle vegetarischer Köstlichkeiten. Eine Auswahl von über 100 Originalrezepten mit Warenkunde und Tipps für die Zubereitung zuhause.

Koreanisch vegetarisch
von Yi Yang-Cha und Armin E. Möller, 125 S., 78 Farbfotos, ISBN 978-3-7750-0457-2.
Mit viel Gemüse, Phantasie und etwas Reis wird in Korea gekocht – ein Schlaraffenland nicht nur für Vegetarier. Eine fast noch unbekannte Küche, die es zu entdecken lohnt. Hier werden Familienrezepte verraten und neue Genüsse kreiert.

Risotto
30 köstliche vegetarische Rezepte aus der italienischen Küche von Ursula Ferrigno, 64 S., 54 Fotos, ISBN 978-3-7750-0371-1.
Leckere und schnelle Rezepte, die Lebenslust und Esprit der italienischen Küche auf den Tisch zaubern. Riso, brodo und condimenti – die richtigen Zutaten für einen perfekten Risotto.

Türkisch vegetarisch
von Derya Semra Uzun-Önder, 111 S., 71 Farbfotos, ISBN 978-3-7750-0534-0.
Türkische Traditionsrezepte mit orientalischen Gewürzen und aromatischen Kräutern, die viel mehr bieten als die bei uns bekannten Döner und Kebab.

Weitere Informationen über Bücher für Genießer erhalten Sie kostenlos beim
Walter Hädecke Verlag

Postfach 1203 · 71256 Weil der Stadt b. Stuttgart
Fax +49(0) 70 33 / 138 08 13
E-Mail info@haedecke-verlag.de